my LIFE my STANDARD

2	introduction
4	FLOATING ON A DAYDREAM　MONA MATSUOKA
16	Standard no.1　スープをつくる。
20	Standard no.2　ハーブにくわしい。
22	Standard no.3　旬を大切にする。
24	Standard no.4　白シャツを楽しむ。
30	Standard no.5　贈る花、部屋に飾る花。
34	Standard no.6　下着に女心を秘める。
36	Standard no.7　パジャマはいつも気持ちいい。
38	Standard no.8　行きつけの喫茶店がある。
42	Standard no.9　写真集をながめる。
44	Standard no.10　猫と戯れる。
46	Standard no.11　精油で香りをつくる。
48	Standard no.12　スタンダードな家具がある。
50	Standard no.13　自宅のようなホテルがある。
51	Standard no.14　お気に入りの美術館がある。
52	Standard no.15　時には女優のように着飾って出かける。
54	Standard no.16　相棒はトレンチコート。
60	Standard no.17　本を読んで想像の旅に出る。
62	Standard no.18　ラブレターを書く。
66	Standard no.19　ひとりで行けるバーがある。
70	Standard no.20　私の食後は"4C"。
72	Standard no.21　お肌のために、夜できること。
74	Standard no.22　散歩へ出かける。
76	Standard no.23　ぐっすり眠れる音楽がある。
80	中谷美紀さんに聞く、23のスタンダード。
86	INSTAGRAM AMBASSADOR

Photography Nico Perez
Model Mona Matsuoka

＊本誌編集ページに掲載されている商品価格は、特別な場合をのぞき、税別価格です。

23周年を迎えるブランド「23区」が女性に向けて贈る、
ライフスタイルブックです。
自分のスタイルを持ち続ける女性たちが持つ、
「23のスタンダードなこと」。
彼女たちの日々のこだわりや、たのしみを通じて、
自分らしいスタンダードのあり方を探してみてください。

Standard № 1
スープを
つくる。

Standard № 2
ハーブに
くわしい。

Standard № 3
旬を
大切にする。

Standard № 4
白シャツを
楽しむ。

Standard № 5
贈る花、
部屋に飾る花。

Standard № 6
下着に
女心を秘める。

Standard № 7
パジャマは
いつも気持ちいい。

Standard № 8
行きつけの
喫茶店がある。

Standard № 9
写真集を
ながめる。

Standard № 10
猫と
戯れる。

Standard № 11
精油で
香りをつくる。

Standard № 12
スタンダードな
家具がある。

Standard № 13
自宅のような
ホテルがある。

Standard № 14
お気に入りの
美術館がある。

Standard № 15
時には女優のように
着飾って出かける。

Standard № 16
相棒は
トレンチコート。

Standard № 17
本を読んで
想像の旅に出る。

Standard № 18
ラブレターを
書く。

Standard № 19
ひとりで行ける
バーがある。

Standard № 20
私の食後は
"4C"。

Standard № 21
お肌のために、
夜できること。

Standard № 22
散歩へ
出かける。

Standard № 23
ぐっすり眠れる
音楽がある。

Stand ardとは

世代を超えて、
時代を超えて、
広く永く愛される
シンプルで、
上質、
心地よい服、
どこまでもシックで、
美しいデザイン。

Womenとは

内面から醸し出される、
凛として、
上品な美しさを楽しみたいと、
願う女性。
時に奔放であり、
時に控えめ。
時に強く、
時に優しい。
自分のスタイルを持ち続ける女性。

Photography Nico Perez (KiKi inc.)
Styling Naomi Shimizu
Hair&Make-up Mifune Nakamine (SIGNO)
Model Mona Matsuoka
Clothing 23ku
Edit Tomoko Ogawa

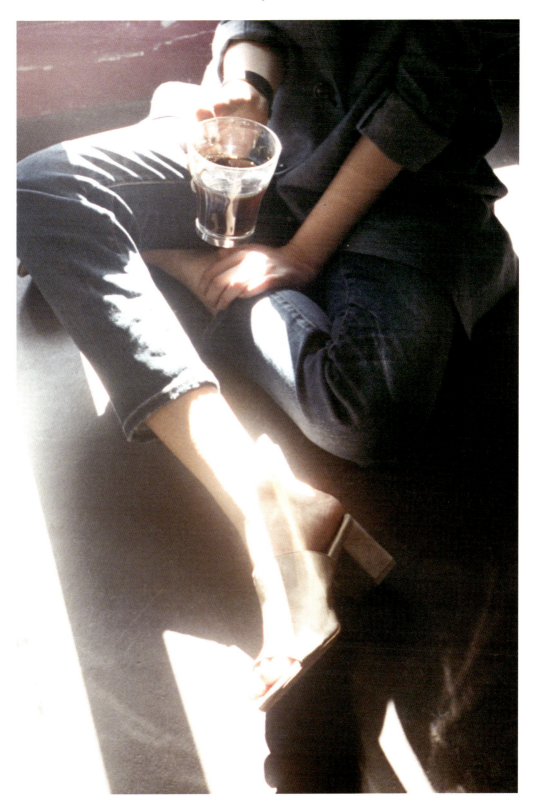

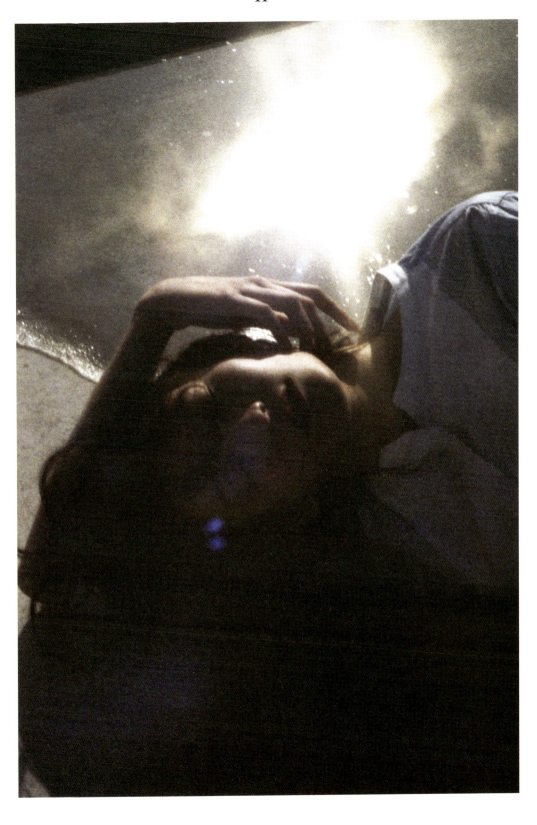

松岡モナ　*Mona Matsuoka*
ファッションモデル。1998年生まれ、日本とアメリカのハーフ。弱冠15歳でミラノコレクションデビュー。以後、国内外のファッションショーのほか、広告、雑誌などで活躍。多数の表紙を飾る。

Photography Shinsaku Kato
Text&Edit Tomoko Ogawa

Standard
№1

soup

　朝起きて最初に食べたいのは、体がじんわりと目覚めるような、あたたかくておいしいスープ。「どんなに早起きでも、朝ごはんを食べないことは絶対ない」という料理家の冷水希三子さん。
「味わって食べるということは、ゆっくりとした行動ですよね。私は、朝ごはんを食べると、一日が始まりやすくなるタイプです。逆に、食べないで出かけると、体が起きなくてそわそわしてしまいますね」
　朝ごはんが欠かせない冷水さんの目覚めのスープは、体にさらっと優しく入ってくるものだという。
　キャベツのポタージュは眠っている体にもするすると染み込むやわらかな味。新玉ねぎとレンズ豆のスープも、コクがありながらいっぺんに鍋に入れて火にかけるだけでできあがりというらくちんレシピ。
「春キャベツも新玉ねぎも甘いですが、朝は少し甘いほうが目が覚める気がします。新玉ねぎのスープは、用事をしている間にできあがってしまう忙しい朝向け。材料は、季節によって春キャベツじゃなく、グリーンピースやアスパラを使ってもいいし、新玉ねぎをキャベツに代えるなど、旬の野菜で応用してみても」
　季節の野菜でおいしいスープを魔法のように生み出す冷水さんに、面倒くさがりにもできるスープづくりの秘訣を訊いてみると……。
「旬の野菜を使うこと。調味料は加える前に必ず味をみて、十分だったらそれ以上足さないことでしょうか。ポタージュは牛乳を入れるものといった固定観念を持たないことも大事。ジャガイモのとろみだけでもおいしいポタージュはできるものです。面倒くさがりな人には、コリアンダーパウダーを振りかけるなど、使ったことのないスパイスを試しに取り入れてみたりして、料理を楽しんでみることをおすすめします」

スープをつくる。

冷水希三子　*Kimiko Hiyamizu*
料理家。レストランやカフェ勤務を経て独立。
季節の味を大切にした"また食べたくなる
料理"が評判。近著に、『スープとパン』(グ
ラフィック社)、『ハーブのサラダ』(アノニ
マ・スタジオ／KTC中央出版)などがある。

春キャベツのポタージュ

――材料（2人分）
- 春キャベツ＝200g　●玉ねぎ＝1/2個
- じゃがいも（小）＝1個　●EXVオリーブオイル＝大さじ1/2
- バター＝10g　●水＝450ml
- 塩＝適量　●コリアンダーパウダー＝お好みで

――作り方
1. 春キャベツは千切り、玉ねぎはみじん切りにし、じゃがいもも同様、小さく切って水にさらす。
2. 鍋にEXVオリーブオイルとバターを入れ、玉ねぎと塩少々を加え混ぜ、弱火で蓋をして5分ほど蒸らし炒める。
3. 水50mlと水気を切ったじゃがいもを加え、蓋をして5分ほど蒸らし炒める。
4. キャベツと塩少々を加えひと混ぜし、再び蓋をして10分ほど蒸らし炒める。
5. 残りの水を加え、15分ほど煮てミキサーにかけ、再び温めて塩で味を調える。
6. 器に盛り、お好みでコリアンダーパウダーをふる。

新玉ねぎとレンズ豆のスープ

— 材料(2人分)
- 新玉ねぎ＝＝2個　● レンズ豆＝＝60g
- バター＝＝10g　● タイム＝＝3〜4本
- ローリエ＝＝1枚　● 水＝＝300ml
- 塩＝＝適量

— 作り方
1. 新玉ねぎは皮をむいて縦半分に切る。
2. 鍋にレンズ豆と水を入れ、新玉ねぎは切り口を上にして並べ、切り口にバターをところどころにのせる。塩を少々ふってタイムとローリエを加え、中火にかける。
3. 沸いたら蓋をして弱火で30分ほど煮て塩で味を調える。

Illustration Asami Hattori
Text Yumiko Mizushima
Edit Ai Hogami

Standard
No. 2

herb

都田恵理子　*Eriko Miyakoda*
日本人女性の肌に合わせた国産のオーガニック・スキンケアブランド「ドゥーオーガニック」のプレス担当。プライベートでは、日本リビングビューティー協会認定のローフードマイスターとしても活躍中。

ハーブにくわしい。

　すっきり目覚められた朝、なんとなくだるい朝。目覚めたときの状態は日によって違うけれど、ハーブに詳しくなると、自然の力を借りて気分や体調の微調整ができるようになる。
　日本を代表するオーガニック・スキンケアブランド「ドゥーオーガニック」プレスの都田恵理子さんが教えてくれたのは、朝の上手なハーブとの付き合い方。
「一番手軽なのは、やっぱりハーブティー。朝起きて最初に体に入れる一杯で心身をリフレッシュすると、一日の始まりがとてもスムーズになると思います」
　ポイントは毎朝自分に合ったものを"選ぶ"こと。
「朝の体調や、今日一日をどう過ごしたいかによってハーブを選ぼうとすると、自然と体調の変化に敏感になりますよね。忙しい日々を送っていると、つい体調に鈍感になってしまうけれど、朝のハーブ選びを通して、自分の体や気持ちと向き合うことが大切なんです」
　都田さんがおすすめしてくれたのは右の5つのハーブ。手に入れやすい定番のハーブなうえに、それぞれ味や香り、作用に特徴があるので、ハーブ初心者でも違いを実感しながら、毎日飽きずに楽しめそうだ。
「大切なのは、無理なく楽しむこと。好きじゃないと続かないので、自分らしく楽しむ方法を見つけてください。たとえばハーブティーの味が苦手なら、普通の紅茶の茶葉にハーブをプラスすればいい。コーヒー派の人も、コーヒーを飲む前の1杯をハーブティーにして、あとはいつも通りコーヒーを楽しめばOK」
　下の3つは、ぜひフレッシュ(生)で使ってみてほしい。
「レモンはカットしてお湯を注ぐだけでも即効性のあるハーブウォーターになります。酸っぱすぎるなら、果汁を数滴垂らすだけでもいいし、はちみつやアガベシロップを加えてもおいしいです。ローズマリーは水差しに一枝入れて一晩おけば、香りのいいハーブウォーターに。スペアミントは育ててみるのも楽しいですよ。鉢植えもありますが、グラスに挿しておくだけで新しい葉が出てくるので、ミントティーにしたり、サラダやデザートのトッピングとして使ってみるのもいいですね」

Rose Petal ローズペタル

ビタミンCが豊富で女性ホルモンの調整作用もあるので、女子力をアップさせたい日に。優美な香りには気持ちを落ち着かせる効果も。便秘の改善にも役立つ。

Lavender ラベンダー

神経を安定させ、緊張やストレスでこわばった体をリラックスさせる効果のあるハーブ。忙しくてイライラしがちなときや、のんびり過ごしたい休日の朝などに。

Rosemary ローズマリー

脳細胞を活性化させる作用とともに、リラックス効果も併せ持つので、ちょっとがんばりたい会議やプレゼンがある日などにおすすめ。消臭作用や抗菌作用、抗酸化作用なども高いことから、スパイスとして肉料理などに使われることも多い。

Spearmint スペアミント

爽やかで清涼感ある香りが特徴。鼻や喉など呼吸器の不快感を和らげるので、花粉症や風邪気味のときなどに。食欲増進効果もあって、夏バテする時期はフレッシュなままハーブティーにして楽しんだり、刻んでサラダに加えたりしてもおいしい。

Lemon レモン

さっぱりとした香りと爽やかな酸味は体を覚醒させる作用を持つので、眠気が抜けないとき、シャキッとした気分になりたい日に。フレッシュで使うなら、無農薬のものを皮ごと使うのがおすすめ。肉や魚料理の香りづけやドレッシングなどにも使える。

Photography Takashi Ehara
Text Setsuko Nakagawa   *Edit* Ai Hogami

Standard
№ 3

wagashi

　四季折々のさまざまな自然物や、ひいては万物をも表現に取り入れる和菓子。たとえ姿形はさまざまに変化しようとも、根底にある考えは今も昔も変わらない。

　その世界観を、ワークショップ等を通じ多くの人に発信する和菓子職人ユニットの〈wagashiasobi〉。彼らも和菓子と旬は、切っても切れない関係と語る。

「和菓子は旬を取り入れ、それを表現するのがスタンダード。元来、茶の湯の世界と密接な関係にある和菓子では、自然界の法則を分類する陰陽五行説にならったものも多く、今回は〈旅するひよこ〉で、それを表してみました」

　写真のひよこに込められた意味は、春＝青（よもぎ）、夏＝赤（トマト）、土用＝黄（みかん）、秋＝白（くるみ）、冬＝黒（海苔醬油）。五時（季節）が五色で表される。

「無理に旬を探したり、取り込むのではなく、おいしいものを召し上がっていただこうというおもてなしの気持ちが、旬を取り入れることにつながる。このひよこたちも、季節それぞれの味わいと色をまとっていますが、プラス見た目の楽しさでも喜んでいただきたい。つまり旬を大切にするというのは、おもてなしの心そのものなのではないでしょうか」

── 材料（作りやすい分量／約12個分）
- 上新粉 ═ 50g
- 砂糖 ═ 50g
- ジュース（または水）═ 60ml

── 作り方
1. 上新粉と砂糖をよく混ぜる。
2. **1**にジュース（または水）を加え、よく混ぜる。
3. 濡れ布巾を敷き、ひとまとめにした**2**をのせ、蒸し器で15分蒸す。
4. 蒸し上がった**3**を、濡れ布巾にくるんだままよくこねる。
5. **4**を小さめのひと口大に切り分けて丸め、片栗粉（分量外）をまぶす。
6. 「ひよこ」をイメージして、指先で頭をつまみだす。
7. 次に、しっぽをつまむ。
8. くちばしをつまんで、できあがり。

＊色み付けはお好みのジュースや食材を使ってください。写真は青（緑）＝よもぎ、赤＝トマト、黄＝みかん（オレンジジュース）、白＝水＋くるみ、黒＝海苔醬油。

＊「旅するひよこ」の店頭販売はしていません。詳しくはお店にお問い合わせください。

wagashiasobi
稲葉基大と浅野理生による和菓子職人ユニット。国内外で数々のワークショップを開催し、和菓子を通じてさまざまな発信を続けている。東京都大田区上池台にアトリエ兼ショップを運営。初の著書『わがしごと』（コトノハ）が発売中。
- 東京都大田区上池台1-31-1-101
- 03-3748-3539
- wagashi-asobi.com

旬を大切にする。

Photography Go Tanabe
Styling Tomoko Iijima
Hair&Make-up Yoshikazu Miyamoto (Perle)
Model Anastasiia Ivanova
Text Asa Takeuchi
Edit Ai Hogami

Standard
№ 4

white shirt

白いシャツを楽しむ。

　スタイリストの飯島朋子さんにとって、白シャツはスタンダードの枠を超えた、ベーシックな存在。
「スタンダードはトレンドや趣向の変化で少しずつ移り変わっていくものですが、ベーシックは永遠に色あせない。わたしにとって白シャツは後者にあたります。しかし、長く着られるアイテムだからこそ手抜きは厳禁。選びや着こなし、パーソナリティをもってセンスよくこなせる人が素敵です」
　ものに溢れた時代だからこそ、選び方も人それぞれ。自分らしくいられるベーシックな白シャツと出会うためには、まず触れ合う機会を持つことから。
「今はネットで気軽に買い物を楽しむ方も増えていますが、白シャツなどのベーシックアイテムは実際に手にとってみることをおすすめします。素材や構造、デザインなどを実際に見て確かめることで、自分に似合うものなのか否かを見極める。試着も大切ですね。そういう習慣を持つと、徐々に自分らしさが見つかっていくはずです。流行っているから、というだけでみんなと同じものを着るのではつまらないと思います」
　そんな白シャツを、今年らしくスタンダードに着こなす秘訣は"崩し"にあり。シャツの構造を考えたうえで、少し大胆なアプローチを仕掛けるのもテクニック。
「たとえば、ボタンを留める位置を変えるだけでシャツに動きが生まれて新しい表情になる。ベルト代わりにウエストの高め位置に巻いてみたりしてもいいですね。どちらも簡単なアレンジですが、バランスが重要。実際に着てみて、自分に合うベストなポジションを見つけることが鍵となってきます」
　また着こなしにテーマ性を持たせたり、とことんオリジナリティを追求するのもひとつの手。
「ユニフォームのように着こなしたい、などテーマを設定することで、まとうモチベーションを変えてみるのも面白いですよね。そして、新たに提案をしたいのが、シャツ2枚をつなげて着こなすこと。袖を通す位置が違うだけで、肌の見え方や落ち感がガラリと変わって、新鮮な気分を味わえます」

〈商品問い合わせ〉
株式会社オンワード樫山　お客様相談室　☎0120-586-300

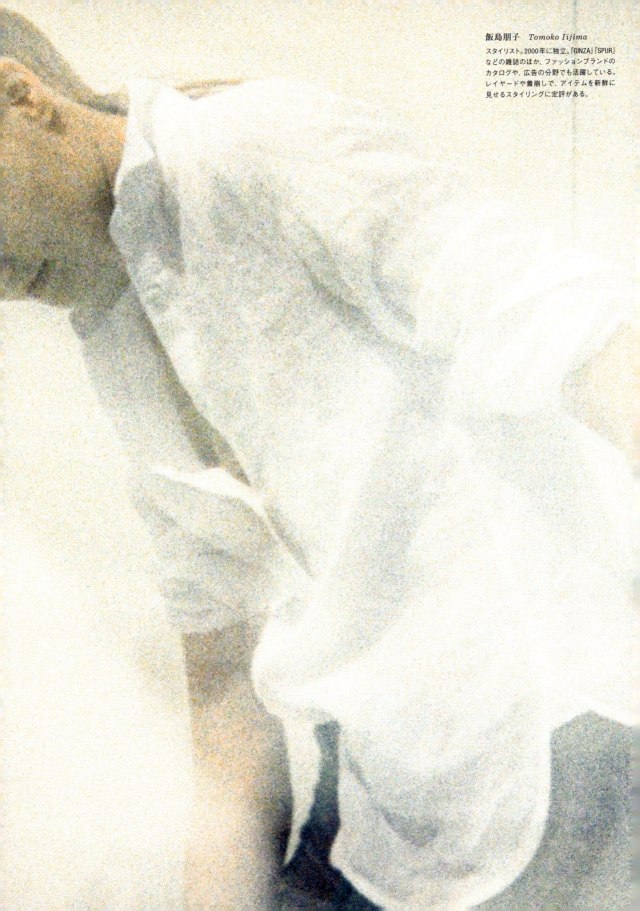

飯島朋子　*Tomoko Iijima*
スタイリスト。2000年に独立。『GINZA』『SPUR』などの雑誌のほか、ファッションブランドのカタログや、広告の分野でも活躍している。レイヤードや着崩しで、アイテムを新鮮に見せるスタイリングに定評がある。

シャツ ¥28,000、中に着た
ワンピース ¥29,000（共に
23区／オンワード樫山）

レースアップシャツ ¥23,000、
腰に巻いたシャツ ¥18,000、
パンツ ¥19,000（すべて23区
オンワード樫山）

ホワイトシャツ ¥16,000、
チェックシャツ ¥19,000、デ
ニムパンツ ¥19,000(すべて
23区　オンワード樫山)

シャツワンピース￥34,000、
中に着たシャツ￥18,000（共
に23区／オンワード樫山）

Photography Chikashi Suzuki
Text&Edit Tomoko Ogawa

Standard
№5

flower

贈る花、部屋に飾る花。

　贈る花と部屋に飾る花にはやはり違いが出るもの。選び方の相談にのってくれるのは、edenworksとして活躍する、フラワーアーティストの篠崎恵美さん。週末限定の花屋『edenworks bedroom』をオープンする彼女は、独自の感性で選んだ個性的な花をラインナップしているという。
「素晴らしすぎる花よりも、奇形だったり個性があるもののほうが、生きている感じがして、日常に合うんです。花が朽ちていく様子も好きですね」
　篠崎さんが花屋を始めたきっかけは、花は気持ちを表す生き物なんじゃないかと思ったことから。
「イライラしたときでも道端に花が健気に咲いているのを見ると、一瞬優しい気持ちになって、まあいいかと思えますよね。花って、つぼみから大きく咲いて、劇的に散って朽ちていく。まるで女性みたいに思えます。だから、こんなに惹きつけられるのでしょうね」
　一見喧嘩しそうな反対色を組み合わせたり、高さも均一に揃えないのが篠崎さん流。固定観念に囚われない子どものように、感性に身をまかせ、みるみるうちに贈る花、そして飾る花ができあがっていく。
「飾る花は飾られる場所をイメージし、植物そのものの形を生かしてまとめます。これは合わないかもという色同士も合わせてみると、意外と調和することも。プレゼントの場合は、やはり贈られる方の好きな色や印象を聞き、イメージしてつくっていきますね。花は色合いやフォルムがすでに素晴らしいので、ラッピングと袋はあえて透明に、リボンも主張しないものを選ぶようにしています。空気に包まれて、浮いているように花束を運ぶのが理想なんです(笑)」
　花束づくりのコツはきれいにまとめないこと。
「全体を見渡し、バランスで色を加えていく。そうすると、ひずみができてもそこが愛嬌になって、なんとも言えないかわいらしい花束ができあがります。守るべきルールとしては、花は茎の切り口が全部水についていないと生きていけないので、切り口を揃えるようにするくらい。楽しみながらつくるのが一番です」

篠崎恵美　*Megumi Shinozaki*
一般的な花業務のほか、空間、アーティスト、
プロダクト、ガーデンデザインまで行う。
土日限定で花屋を営業。edenworks bedroom
東京都渋谷区元代々木町8-8 2F
13:00〜20:00　不定休　edenworks.jp

飾る花　種類：ポピー、忘れな草、ラナンキュラス、アネモネ、チューリップ、沈丁花、パンジー、ユーカリ

贈る花　種類∶ライラック、鈴蘭の根、クレマチス、芍薬、スプレーバラ、千日紅

Standard N°6

underwear

Text&Edit Tomoko Ogawa

トミヤマユキコ *Yukiko Tomiyama*
ライター、大学講師。2015年、早稲田大学大学院文学研究科にて博士号（文学）を取得。専門は、日本の少女小説および少女漫画。書評、漫画評の連載多数。著書に『パンケーキ・ノート』（リトルモア）がある。

下着に女心を秘める。

　上質な生地から作られた、仕立てのよい下着をつけることで、気持ちがしゃんとする。文学・漫画研究者のトミヤマユキコさんは、物語に描かれた女の下着についてこう考察する。
「女らしさを追求したいなら、買ったものを身につけるだけじゃなく、自分なりの工夫を楽しみたいという考え。これは国柄や社会的状況にもよりますが、近現代の文学・漫画の中に繰り返し登場します。たとえば『ペルセポリス』で摘みたてのジャスミンの花をブラジャーに詰めるおばあちゃんが出てきますが、男性に媚びるという性的なニュアンスではなく、プライベートな領域での喜びを意味している。服はなかなか好きなようにできないけれど、下着だけは好きなようにできるという、女の密かな楽しみなんですよね」
　下着で身体を締め付けることによって、精神が解放されるという物語の構造についてもこう指摘。
「身体を拘束する窮屈な存在でありつつも、一番皮膚に近い布で、ある意味自分をデザインするもの。下着で好みの体型に一歩近づくと、自分らしくなれた、と解放される。一見矛盾にも思える、拘束と解放の関係が存在しているように思います。鴨居羊子の『わたしは驢馬に乗って下着をうりにゆきたい』や太宰治の『女生徒』もまさにそれ。太宰は『あなたたちは知らないでしょ？　私の下着に刺繍、つまり自由があるってこと』という、パンクな心情を描いています」
　基本は「守りの姿勢」で登場する下着。攻撃的なものを内包していても、表沙汰にはできない。しかし、見えないからこそ自由があるという。
「誰かと一緒に着るなんてまずできない。極めてパーソナルなものだから、下着は孤独というテーマとも相性がいいんです。自分の心身と相談しながら、365日付き合っていかなきゃならない。でもその孤独は、自分を愛することにもつながっている。『フィッターXの異常な愛情』も、年齢を重ねた体型に似合う下着の選び方や、自分の身体との付き合い方を、さまざまな下着を通して教えてくれる物語になっています」

© マルジャン・サトラピ／バジリコ

きのう縫い上げた新しい下着を着る。胸のところに、小さい白い薔薇の花を刺繍(ししゅう)して置いた。上衣を着ちゃうと、この刺繍見えなくなる。誰にもわからない。得意である。

『ペルセポリスⅠ イランの少女マルジ』
マルジャン・サトラピ著
園田恵子訳　バジリコ／¥1,400
イラン・イスラーム革命を経験した少女時代から、戦争を逃れてヨーロッパで過ごした青春期までを綴った著者の自伝的コミック。「いくつになっても女なおばあちゃんの意識の高さには驚くばかり」

『女生徒』
太宰治著　青空文庫
5月1日の起床から就寝までの少女の一日の移り行く心理を太宰治が描いた短編。昭和14年初出。「下着に自分だけがわかる白い薔薇の刺繍をする。自由を求める少女の内面がチャーミングに映ります」

母親の買ってくる下着とは違う、大人っぽくて自由で華やかなランジェリーの世界にときめいた。迷ったすえに手に取ったのは、レモンイエローにスカイブルーの水玉模様が散っているブラとショーツのセットだった。レジに持っていくとき、後ろめたさに頬が熱くなり、視界がぐらぐら揺れたことを憶(おぼ)えている。自分のなかの欲望をはっきりと自覚した瞬間だった。

ある日、私は綿メリヤスの黒タイツをヒザのところでちょん切り、ゴムを入れて、ぴっちりしたいわゆるパッチにつくりかえて、はいてみた。ひざのところは白く光るガラス玉を縫いつけた。スカートの下はスリップをつけないでこのタイツである。ひどくあたたかいし、スポーティな気取りに軽快になる。一人で歩くのでつねに黒装束で黒い花の印象を与えるバレリーナのリドミナ・チェリーナは私の好きな一人だが、このパッチの奥には彼女のくすんだ微笑がかくされているようだった。

『わたしは驢馬に乗って下着をうりにゆきたい』
鴨居羊子著　ちくま文庫／¥900
昭和20年代、読売新聞の記者を経て下着デザイナーを始めた鴨居羊子の半生を描く自伝的エッセイ。「キャリアウーマンが秘める、やわらかさやお茶目さを下着が雄弁に物語る。見せ下着の走りかも」

『フィッターXの異常な愛情』
蛭田亜紗子著　小学館／¥1,500
ランジェリーショップの男性フィッター、伊佐治耀との出会いで、少しずつ変わり始める女性たちのラブコメディ。「体はもちろん、心にフィットする下着を選びたいというのは、乙女心の極み」

Text&illustration Erika Kobayashi
Edit Tomoko Ogawa

Standard
№7

pajama

パジャマはいつも気持ちいい。
「グッド・モーニング・パジャマ」

　目を開けると窓の向こうから射しこむ朝の光が見える。キッチンからはコーヒーの香りと目玉焼きの焼ける音。糊のきいた真っ白なシーツのベッドから裸足で抜け出すとその身体には大きすぎて着慣れないパジャマ。さて、夜、隣に眠っていた素敵な男の名前は何だったかしら？
　──という妄想的なドラマチック・シチュエーションにはとんとご無沙汰……どころか正直遭遇すらしたことがない私であるが、誰かと一緒に迎える朝、というのは本当に朝の光が美しく見えるものだ。
　それが恋人でもそうでなくても、男友達でも女友達でも、家族でも他人でも、セックスをしようがしまいが、ただひとところで一緒に夜を過ごしたというだけで、その存在が特別になるように私には思える。昼とは異なる夜の時間には、魔術的な力があるに違いない。
　20代の頃、私はとにかくひとの部屋をただひたすら泊まり歩いていたことがあるのだが、ただ夜を一緒に過ごしたというだけで、なぜだかとても親密になったような気持ちになって驚いた。
　眠る時に電気を消すか消さないか、ベッドの中でどんな音楽を聞くか聞かないか、何のシャンプーを使うかリンスは使うか使わないか、朝ごはんに何を食べるか食べないか。そんなことを垣間見たり、知ることは、不思議と大切な秘密をこっそり囁き合って、分け合うことに似ている。
　そもそも眠るという行為自体が、限りなく無防備だ。だからこそ、眠っている誰かを見るのは、それが誰であっても限りなく愛おしい。
　ところで、私はひどくズボラな性格なので、正直パジャマなるものを着るのは面倒くさいし、なんなら裸で眠りたいと思っているほどである（無論残念ながら、眠る時にはシャネルのNo.5しかつけないマリリン・モンローとは程遠い）。もしも誰にも見られないひとりきりなら、俄然裸で眠りたい。
　しかしそれでも私がすすんでパジャマを着ようと思うのは、誰かと夜を過ごして朝の光を見たいから。

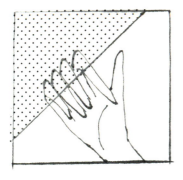

小林エリカ　*Erika Kobayashi*
作家・マンガ家。"放射能"の歴史を辿るコミック『光の子ども』
2巻（リトルモア）が絶賛発売中。著書『マダム・キュリーと朝食を』
（集英社）ほか。『&Premium』（マガジンハウス）などにも連載中。

行きつけの喫茶店がある。

平野紗季子　*Sakiko Hirano*
1991年福岡県生まれ。小学生から食日記を付け続ける生粋のごはん狂（pure foodie）。フードエッセイストとして雑誌等への執筆を中心に活動。著書に『生まれた時からアルデンテ』（平凡社）がある。

無になれる、アウトローという才能

Photography Yuri Manabe　*Styling* Nobuko Ito
Clothing 23ku　*Text&Edit* Tomoko Ogawa

Standard
№8

cafe

　ここはまるで実家か、はたまた親戚の家か？　そんな気持ちで過ごせる喫茶店があったなら、周りに気遣うこともなく、ただぼんやりと自分の時間を存分に楽しむことができるのではないだろうか。
　「とにかくこの混沌感が好きで」とフードエッセイスト平野紗季子さんが話すのは、行きつけの喫茶店、東大前の『こゝろ』のこと。飲み物を注文すると、お母さんがおやつにと「エリーゼ」を持ってきてくれる。
　「チェーン店文化で育ってきた私にとって、いわゆるカフェはわかりやすくて画一的なものに囲まれる場所だったんです。たとえば、おしゃれカフェだったら、かわいいと思うものを一から十まで与えられているという感覚がある。そこから逸脱しないように生きてきたけれど、この店のルール度外視のアウトロー感。店主の一存でなんとでもなる自由さに感激したんです」
　マーケティング戦略とは懸け離れた昭和の喫茶店では、「食べログ」も無関係だし、営業時間も曖昧だ。平野さんは考えなくてはいけないことを一時停止し、無になる時間を求めてここへ通うという。
　「おいしいものを求めて喫茶店に来るというよりはその場所が持つ物語に矛盾がないように、ただ脱力してじっとしているのが好きです。物語の中では、もともと甘いアイスティーもお土産にもらうキーホルダーも、ひとつひとつがうれしい驚き。行きつけの喫茶店に求める条件は……、やる気がゼロなこと（笑）。こちらもがんばらなくていいんだと思えますから」

『こゝろ』：1956年にトリスバーを併設した長屋の一部として創業。店名は夏目漱石の小説に由来。
🏠東京都文京区本郷6-18-11
☎03-3812-6791　🕘9:00～19:00
（土11:00～17:00）日休

坂入小百合　*Sayuri Sakairi*

フリーランスのヘア＆メイクアップアーティスト、ヘアスタイリスト。8年間大阪、東京のLIMグループに所属し、2014年春よりベルリンに拠点を移す。雑誌「Kinfolk」、カタログ、舞台などで活躍。◉sayurisakairi.com

ひとりの時間を豊かにする、ほどよい距離感

　2014年、東京からベルリンへと拠点を移し活躍中のヘアメイクアーティストの坂入小百合さん。帰国中の彼女が、東京で暮らしていた頃によく通っていたという南青山の『蔦珈琲店』を再訪問。
「とにかく、ここはお庭が特別ですよね」と坂入さんが話すように、蔦に囲まれた隠れ家のような喫茶店の窓越しには、そこが青山だということを忘れてしまうかのような開放的な緑の庭が広がる。
「本を読んだり、一人でゆっくり過ごしたいときに訪れます。ここは、この景色を前においしいコーヒーがいただけるのがいいですよね。スタッフさんとお客さんとの距離感も心地よいですし、何よりマスターがユーモアのある方なので、常連さん方との軽快な会話をひっそり聴かせていただく、という楽しみ方もあります(笑)」
　世界有数のコーヒー消費大国のドイツのなかでも、カフェカルチャーがしっかりと根付くベルリン。街を歩けばカフェばかりという環境で暮らす坂入さんは、ベルリンのカフェは日本の喫茶店とは全く別ものと語る。
「カフェのあり方が全然違うんですよね。ベルリンのカフェはもっと生活に身近で、コーヒーもあればお酒も飲める、朝から深夜まで営業しているところも多い。ネルドリップをしている姿の美しさに感動したり、店主の方の人柄によって独自の美学や空気感が生み出されるのは、日本ならではの素晴らしい喫茶店文化だと思います」

『蔦珈琲店』：1988年、故・山田守自邸を改装し創業。
🏠 東京都港区南青山5-11-20　☎ 03-3498-6888
🕙 10:00～22:00（土日祝12:00～20:00）　月休

小谷実由 *Miyu Otani*
1991年3月12日生まれ。『GINZA』(マガジンハウス)など数々の女性誌や広告でモデルとして活躍中。"おみゆ"の愛称で親しまれる。趣味は、喫茶店めぐりとベース。
blue-day-mmm.tumblr.com

純喫茶めぐりで、時代の断片に触れる

　モデルの小谷実由さんは、3年ほど前から"喫茶部"として活動し、喫茶店めぐりをしているという。友人が連れて行ってくれた『但馬屋珈琲店』で、まるで時間が止まったような空間と雰囲気に衝撃を受けたことをきっかけに、彼女の喫茶愛は日に日に増していく。気がつけば、苦手だったコーヒーが、毎日飲まないと落ち着かないものへと変わっていたほど。
「もともと60年代のファッション、音楽、映画や、昭和の雰囲気が好きなところから入ったので、コーヒーにこだわりがあるというよりは、完璧内装フェチですね。この壁、この扉が見たい、このソファに座りたいという理由がモチベーションなんです。そのお店に合う洋服のコーディネートを考えることも好きで、自分が内装の一部になることも楽しんでいます」
　急変する時代の断片を残す場所へ行き、当時の記憶に思いをはせる小谷さんが特に惹かれるのは、時代の熱量が伝わってくるミッドセンチュリーの内装。1965年創業の喫茶店『純喫茶 ローヤル』はまさに好みのテイストだとか。
「大箱で高度成長期が生んだ豪華さがありつつも、年数を重ねた所帯臭もある。そのアンバランス感や、スマート過ぎずむしろトゥーマッチなところが面白いんです。それに、少しくらい雑多なほうが、誰にでも個人の居場所をつくれる感じがして好きですね」
　一杯で時間も場所もトリップできる、そんな名喫茶へ行こう。

「純喫茶 ローヤル」:東京交通会館開業と同時創業。
住 東京都千代田区有楽町2-10-1 B1　☎ 03-3214-9043
営 8:00〜19:30 (土日祝11:00〜18:30) 正月休

Text&Edit Tomoko Ogawa

Standard
№ 9

photobook collection

写真集をながめる。

　一日の始まりや、休日の午前中、ふとながめたくなる写真集がある。いつかの自分を思い出したり、遠いどこかへと意識を飛ばしたり。そんな時間は、いつもの日常を少しだけ鮮やかにしてくれる。
　フォトグラファーの田尾沙織さんが、お気に入りの写真集として推薦してくれたのは、写真家、ウィリアム・エグルストンの『２１/４』。
「中判のカメラでの撮影を始めた10代でこの写真集と出会い、こんな写真を撮りたいと思った。正方形の写真のフォーマットに惹かれるきっかけになったのが、『２１/４』です。枯れかけている薔薇の蔓の写真がお気に入りなのですが、過ぎ去ってしまう日常の何気ない瞬間の尊さを教えてくれているように思います。初心に帰りたいときにながめる一冊です」
　20代で出会い、以来追いかけている現代美術家、ソフィ・カルの作品集『Blind』は、数年前原美術館での展覧会の際に販売していたものを購入したそう。
「気持ちをクリアにしたいときに開く本。生まれつき目が見えない人たちに『美しさとは？』という質問をし、ソフィ・カルがその答えとして写真を撮ってみせているのですが、言葉によるイメージを無限に膨らませてくれる気がします」
　アートディレクターという仕事上、さまざまな写真家と仕事をする田部井美奈さんのお気に入りの写真集はというと、いずれもポートレート作品集を挙げてくれた。写真家、牛腸茂雄の『SELF AND OTHERS』と写真家、長島有里枝の『5 comes after 6』だ。
「美術館で見た、牛腸茂雄さんが撮った双子の少女の写真が忘れられず、何年後かに、その作品が掲載された写真集『SELF AND OTHERS』に神保町の古本屋で再会して手に入れました。日本人の素朴で強い眼差しを思い出したいときに、この本を開きます。そして、長島有里枝さんの『5 comes after 6』は落ち込んだときに取り出したくなる一冊。長島さんが息子さんとの日常を捉えた、はかなく美しい瞬間は、小さな写真集ながら、彼女の強さが伝わってきます」

『SELF AND OTHERS』牛腸茂雄

1983年に36歳で夭逝した写真家、牛腸茂雄が、友人、家族、近所の子どもたちを撮影した、モノクロのポートレイトからなる写真集。
未来社／¥4,800

『5 comes after 6』長島有里枝

デビュー以来、「家族」をテーマに作品を撮り続けてきた長島有里枝が、これまで撮り溜めていた息子との時間をまとめた一冊。
マッチアンドカンパニー／¥2,200

田部井美奈　*Mina Tabei*

1977年、埼玉県生まれ。有限会社服部一成勤務を経て、2014年に独立。雑誌『GINZA』（マガジンハウス）のほか、広告、パッケージ、書籍などのアートディレクション、デザインを担当。アトリエ「kvina」に参加。

『2 1/4』William Eggleston

ウィリアム・エグルストンが、1966年から71年にかけて、2 1/4インチフォーマットを用いて制作したカラー写真を集めた作品集。
Twin Palms Pub　＊洋書

『Blind』Sophie Calle

盲目についての考えのもと制作された作品集。ソフィ・カルの問いかけが、「美とは何か」を思考させる内容。テキストはすべて点字入り。
Actes Sud; Braille　＊洋書

田尾沙織　*Saori Tao*

1980年、東京都生まれ。2001年、最年少で第18回写真ひとつぼ展グランプリ受賞。雑誌、広告、映画スチールなど多方面で活躍。写真集に『通学路 東京都 田尾沙織』『ビルに泳ぐ』（共にPLANCTON）など。

Photography Ayumi Yamamoto
Text Asa Takeuchi
Edit Ai Hogami

Standard
№ 10

play with a cat

猫と戯れる。

2015年7月に第一子を出産。大の愛猫家である坂本美雨さんが、新しい家族を迎えて感じた変化とは？
「サバ美（以下、サバ）は、私が新しい命を授かったことにかなり早い時点で気付いていた気がします。私の体調が安定しないときは寄り添ってくれたし、妊娠していた頃は私たちにとって穏やかな時間でした。そのぶん入院で離れ離れになったときは寂しくて。猫シッターさんから送られてくる写真を見て泣いてしまうことも。退院後の再会も、もう涙涙（笑）」

美雨さんいわく、サバにとってはウェルカムではなかったかもしれない環境の変化。しばらくの間、サバは美雨さんの長女と一定の距離を保っていたそう。
「でもある日突然、娘を寝かしつけていたら彼女のほうから近づいてきてくれたんです。わたしがサバに触りたくても物理的に動けないことを察してくれて、歩み寄ってきてくれる。その大きな優しさには本当に感動しましたね。そんなことをきっかけに、最近では徐々にサバと娘との距離感が縮まりつつあります」

美雨さんとサバの時間は以前より少なくなったけれど、長女が寝付いた夜中だけは二人きりの時間となった。
「サバと触れ合っているとすべてを受け止めてもらえる感じがして、すごく癒されます。彼女もどっしり構えているけど実は甘えたがり。だから触れ合いの時間が少ないと寂しい顔になってしまう。逆に満たされていると顔つきも毛艶も良くなるんです」

これから長女とサバには愛し愛される存在、姉妹のような関係性を築いていってほしいと言う美雨さん。
「サバがいることで娘が優しい子になっていくと思うんです。動物って本当に感情があるんだ、とか人間のほうが単純に上という存在ではない、ということも自然と肌で感じ取ってもらいたいですしね。家族が増えることで少しずつ確かに変わっていくことはあるけど、楽しみのほうが多いです。唯一心配なのは自分たちがちゃんと子離れできるか、ですね（笑）」

坂本美雨 *Miu Sakamoto*
1980年生まれ。幼少期をニューヨークで過ごしたのち、16歳で歌手としてデビュー。現在は音楽活動だけではなくラジオパーソナリティやナレーション、執筆活動も行う。聖歌隊CANTUSと一緒に歌った、「pie jesu」（ピエ イェズ）が好評配信中。

Illustration Asami Hattori
Text&Edit Chikako Arahara

Standard
№11

essential oil

精油で香りをつくる。

　仕事の日は、ほんのりと。プライベートの時間は、少し贅沢に。香りを自在にまとう人が増え続けている今、次なるステージとして"自分のための香り"をつくってみるのはいかがだろう。香りの原料として取り入れたいのは、アロマブームで身近になった、精油。植物から作られる100％天然の香料だ。「単体の植物の精油でも、実にたくさんの香気成分が含まれています」とアロマセラピストの松尾祥子さん。「その香りの豊かさが精油の魅力であり、豊かだからこそ使う量が少なくても済むと言えます」。

　精油のブレンドで意識すべき香りの構成は、はじめに香りやすいトップノートから長く持続するベースノートまでと、一般的な香水と同じ。香りの強弱や調和、香りの変化を感じながらのブレンドは、正解のない芸術。自由なもので、作品には個性が表れる。

　これから始める人にお勧めで、香りに幅がある精油10種類が右の一覧。「それぞれの香りの特質が調味料のようにわかってくると、料理をするようにブレンドを楽しめます」。そして右ページは「自分のスタンダードを持つ、凛とした日本人女性」をイメージしたレシピ。「ほんの1滴でも印象が変わるもの。なので、ご自身の好みの精油を1滴加えることで完成するレシピです。精油は自然が創り出したギフト。それを使って、自分への香りのギフトを創ってみてください」。

トップノート
・グレープフルーツ（白） Citrus paradisi
・ゆず Citrus junos
（または、オレンジ Citrus sinensis）

トップミドルノート
・和ハッカ Mentha arvensis
（または、ペパーミント Mentha piperita）

ミドルノート
・ラベンダー Lavandula angustifolia
・モミ Abies alba
・ローズゼラニウム
Pelargonium graveolens

ミドルベースノート
・ジャスミンサンバック
Jasminum sambac
（または、イランイラン Cananga odorata）

ベースノート
・ヒノキ Chamaecyparis obtuse
・サンダルウッド Santalum spicatum
・ベンゾイン Styrax benzoin

自分のスタンダードを持つ女性のためのレシピ

—材料

無水エタノール 15ml
精油 30滴

—レシピ
ゆず 8滴
グレープフルーツ（白） 7滴
和ハッカ 4滴
ジャスミンサンバック 3滴
ヒノキ 3滴
サンダルウッド 4滴
好みの精油 1滴
　　　　　　　　計30滴

自分の好みの精油を1滴加えて調整し、香りの変化を楽しんで。「無水エタノール15ml＋精油30滴」は、そのまま香水として使用可能。好みの香りの濃さに精製水で希釈して、オードトワレやオーデコロンとして使ったり、ルームフレグランスやリネンウォーターとして使用したり。

＊このレシピにはグレープフルーツ精油が含まれるため、香水など高い濃度で肌に使用するときには、強い紫外線を浴びるとダメージを受ける場合があるので注意を。

松尾祥子　*Shoko Matsuo*
臨床心理士、AEAJ認定アロマセラピスト。1999年、統合医療の現場を中心にセラピスト活動を開始。伝統療法とアメリカで学んだ臨床心理学などの知識・実績をもとに行っている。(株)SAFARI代表。

furniture
Standard № 12

Illustration Ryuto Miyake
Text&Edit Tomoko Ogawa

スタンダードな家具がある。

　人の生活や人生に歩み寄り、彩りを与える家具との出会いは突然訪れるもの。インテリアスタイリストの作原文子さんのスタイリングにも度々登場する、ジャン・プルーヴェの家具は、今から20年以上前となるアシスタント時代からずっと気になる存在。
「プルーヴェの家具は、私にとって永遠の憧れです。モダンで品があり、でも身近に感じられるデザイン。なかでも、『スタンダードチェア』の凛としたその姿は、どの角度から見ても美しい。上質な印象である一方、日常的に使いこなせますし、あらゆる家具との組み合わせを楽しめる奥行きを持っていますよね」
　2016年いっぱい限定販売されている「Prouvé RAW Office Edition」シリーズは、グリーンの脚とグレーの張り地との組み合わせに一目惚れしてしまったという作原さん。スタンダードな家具に求める条件は、余白だそう。
「もちろん第一印象は大切ですが、既にあるインテリアとどううまく付き合ってくれるのか、他と組み合わせることで、新たな魅力を発揮してくれる、そんな余白のある家具が私にとってのスタンダードです」

　フランス・パリで6年間暮らし、昨年、広島でショップ兼ギャラリー『cite'』をオープンした、鈴木真実さんは、もともと好きだった老舗英国メーカー、アーコール社の「スタッキングチェア」と思わぬところで再会したとか。
「2年ほど前に訪れたロンドンの小さなカフェで、マルティーノ・ガンパーの『アーノルド・サーカス・スツール』が一緒に置かれていたのを見て、古いものと新しいものを組み合わせるその思い切りにハッとさせられました」
　自宅では、主にヨーロッパのヴィンテージを愛用している鈴木さん。なかでも、ミッドセンチュリーに作られたこのチェアのほどよい個性は、現代の空間にも、古い家具にもうまく溶け込んでくれる普遍性を持っているという。最も惹きつけられるのは、そのフォルムと重ねてきた年月にある。
「有機的で軽やか。重ねられた姿も美しい。有名無名に限らず長い時を経ても残っている家具たちは、想像力をかき立ててくれる。その家具がまた別の誰かの手元に受け継がれるまで、大切にしていきたいと思わせる力を放っているものをしっかり見極めたいです」

　建築やインテリアを学び、伝統的な職人技術を取り入れながらも独自のユニークなスタイルで作品を生み出す、コンテンポラリージュエリーブランド「SIRI SIRI」。デザイナーである岡本菜穂さんのスタンダードな家具は、1872年に設立されたデンマーク家具メーカー、フリッツ・ハンセン社の「PK91 フォールディングスツール」。デンマーク3大スツールのひとつともいわれる、折りたたみ椅子の代名詞的存在である。
「北欧家具の店で働いていたときに知ったのが、1961年にポール・ケアホルムがデザインしたこのスツール。特に張り地がキャンバス（ナチュラル）のタイプは、素材の使い方、フォルム、構造、すべてが好みです」
　デザイナー、コーレ・クリントの「プロペラスツール」からインスピレーションを得たとされるこのスツールは、岡本さんの生み出すジュエリーとも通じるミニマリズムと上品な美しさを併せ持つ。
「平面のパーツの組み合わせで、立体的に見せているところが素晴らしいですよね。家具を選ぶときは、デザイナーの挑戦が感じられるもの、イノベーティブなものかどうかを大切にしています」

Prouvé RAW
Standard SR, 1934/1950

Vitra社とデニムブランド「G-Star RAW」のコラボプロジェクト。1940年代のスタンダードチェアがクッションカバーバージョンで復刻。『hhstyle.com 青山本店』(http://www.hhstyle.com)にて、2016年末まで限定販売。

Ercol
Green Dot Stacking Chair

家具デザイナー、ルシアン・アーコラーニが1920年に創業した、アーコール社の代表作「スタッキングチェア」。「マーガレットハウエル」の依頼でシングルバックタイプは復刻したが、ダブルバックタイプはヴィンテージのみ。

Fritz Hansen
PK91, Folding stool

デンマークの家具メーカー、フリッツ・ハンセン社がデザイナー、ポール・ケアホルムとのパートナーシップにより生み出した、レザーまたはキャンバス地の折りたたみスツール。フレームはサテン仕上げのステンレススチール製。
*イラストはクラシックレザーのもの。

作原文子 *Fumiko Sakuhara*
インテリアスタイリスト。主に雑誌、カタログ、CM、エキシビション、ショップディスプレイなどのスタイリングを行う。自身のイベント「mountain morning」主宰。 www.mountainmorning.jp

鈴木真実 *Mami Suzuki*
2015年夏、写真家・鈴木良さんとともに、文化や思想を紹介できる場を目指し、お店兼ギャラリー『cite'』(広島市中区幟町9-1 ナガトヤビル1F)を開始。写真家・沖真実としても活動。 www.cite.jp

岡本菜穂 *Naho Okamoto*
2006年、ジュエリーブランド「SIRI SIRI」設立。2015年、第23回桑沢賞受賞。日常生活の中で見過ごされてしまいがちな素材を、洗練されたジュエリーに昇華させる。現在イギリスに語学留学中。 sirisiri.jp

Photography Yayoi Arimoto
Text&Edit Ai Hogami

hotel

Standard
№13

在本彌生　*Yayoi Arimoto*
航空会社に勤務後、2006年5月よりフリーランスフォトグラファーとして活動を開始。世界を飛び回り続けている。雑誌、TVCM、広告などで活動中。

自宅のようなホテルがある。

Gheralta Lodge（ゲラルタ・ロッジ）
G1, Hawzen, Ethiopia
www.gheraltalodgetigrai.com

Lunuganga（ルヌガンガ）
Dedduwa Lake, Bentota, Sri Lanka
www.lunuganga.com

南海荘
兵庫県南あわじ市阿那賀丸山港
www.nankaiso.com

　世界中を旅してきた、いわば旅のプロフェッショナルである在本彌生さんに聞く、旅先で自宅のようなくつろぎを感じる3つのホテル。選んだホテルに共通するのは「きらびやかな豪華さではなく、心が満たされるという意味の"豪華さ"と"豊かさ"がある場所」だ。
　オフで訪れたエチオピアで偶然見つけたという『ゲラルタ・ロッジ』もそんなホテルのひとつ。
「昔このあたりの人々が住んでいた家屋を模した建築が、とてもセンスが良くて。経営者はイタリア人で、17歳までエチオピアで育った人。イタリアの国鉄を退職して、自分の故郷にホテルを作ろうと考えて作ったのがここなんです。食事も素晴らしく、ホテルがやっている菜園や果樹園で採れた食材を使ったスローフードも楽しめます」

　スリランカ出身の建築家、ジェフリー・バワの作品に魅せられて、カメラを手に、バワ建築を巡る旅をした在本さん。その際に泊まったのが、ベントータにある『ルヌガンガ』。バワ自身の理想郷であり「死ぬための場所」として作ったともいわれている。
「広大な敷地にコテージ風の建物が6棟、親しい友人たちを呼んで遊ぶために作られていて、それぞれにテーマがあるんです。バワの思いに触れられる場所であり、個人的な雰囲気を感じられる空間に、とても感激しました。自然と建築をほとんど同化させてしまう建築様式は、リゾートホテル『アマン』の原型になっているといわれているそうです。バワの建築を楽しむという意味でも、一番堪能できる場所かもしれません」

　東京で生まれ育った在本さんが、南あわじの『南海荘』を訪れると、「田舎の家に帰ってきた」ような気分になる。いわく「"空想上の田舎"みたいな場所です」。
　もともとは釣り人たちが宿泊して、釣った魚を料理してもらうというスタイルの民宿だった。イタリアンのシェフだった3代目が家業を継ぐにあたり、地元の設計士と協力しながら、民宿をモダンにリノベーションした。
「地産地消といいますが、ここはなにもかもが"淡路島"なんです。宿のまん前の漁港で獲れた魚を使った素晴らしい料理。もちろん料理を盛り付ける器も地元の作家さんのもの。温泉もあるのに、宿泊費もリーズナブルです。宿の快適さもさることながら、やはり料理を食べに行ってほしいという宿です」

Illustration Yuko Saeki
Text Satoko Shibahara Edit Tomoko Ogawa

museum

Standard
№ 14

柴原聡子　*Satoko Shibahara*
フリーランスの編集・企画・執筆・広報。建築や美術の印刷物を制作するほか、展覧会やイベントの企画運営も行う。企画した展覧会に『ファンタスマ──ケイト・ロードの標本室』『スタジオ・ムンバイ 夏の家』など。

お気に入りの美術館がある。

ホイットニー美術館
99 Gansevoort St, New York, NY 10014, U.S.A

ルーヴル・ランス
99, Rue Paul Bert, 62300 Lens, France

カステルヴェッキオ美術館
Corso Castelvecchio 2, 37121, Verona, Italy

　マンハッタンにある有名美術館のなかでも、『ホイットニー美術館』のセンスは貴重だ。派手なMoMAやグッゲンハイムに比べると渋めながら、アメリカのモダンアートの豊富なコレクションをベースにした展覧会は見ごたえ抜群。エドワード・ホッパーやアンディ・ウォーホルといったアメリカを代表するアートが見られる。そんなマンハッタンの老舗美術館は、2015年にトレンド発信地のミートパッキング地区に完全移転、規模も大きくなってリニューアルオープンしたばかり。おすすめは階段室の吹き抜けを貫く、フェリックス・ゴンザレス＝トレスの電球でできた長大な彫刻だ。屋上からのNYらしい眺めもよし、話題のスポット「ハイライン」ともつながっていて、一日いても飽きずに楽しめる。

　パリから特急列車で1時間半の郊外の街、ランス。ここに、2012年にオープンしたルーヴル美術館の別館、『ルーヴル・ランス』がある。設計は、世界で活躍する日本の建築ユニット SANAAによるもの。なんといっても圧巻は、3000㎡の柱のない大きな空間に古代から近代までの作品が展示されるコレクションギャラリーだ。展示室に一歩足を踏み入れると、約200点の作品が一堂に会す光景が広がる。エジプトのミイラ、筋骨隆々のギリシャ彫刻、中世の宗教画の数々、近代の名画たち……。数千年にわたる時の流れを、点在する美術品の間を巡りながら体感でき、壁には5000年分の時を刻むスケールが「いまココ」を示してくれるというニクイ仕掛けも。小旅行気分で、パリから訪れてみてはいかが。

　イタリアのミラノとヴェネツィアのちょうど間にあるヴェローナは、ロミオとジュリエットの舞台となった街。二人が愛を確かめ合ったバルコニーもよいけれど、ぜひ訪れてほしいのが古城の一部を改修して作られた『カステルヴェッキオ美術館』。設計を担当したカルロ・スカルパは、リノベーションの名手として知られたイタリア人建築家で、なかでもここは名作とされている。入口のアーチをくぐると、鉄製の窓枠や木の仕切り壁、大理石の床など、さりげなくほどこされたモダンデザインが、点在するモザイク絵画や彫刻、古城の空間と溶け合った静謐（せいひつ）な空間が続いていく。スカルパは古い日本の建築を好み、何回も来日した親日家。繊細なしつらえは、日本の美学が影響しているのかもしれない。

Illustration Momoko Nakamura
Text Aoko Matsuda
Edit Tomoko Ogawa

Standard № 15

dress up

松田青子　*Aoko Matsuda*
小説家、翻訳家。著書に『スタッキング可能』『英子の森』など。最新刊は、本と映画にまつわるエッセイ集『読めよ、さらば憂いなし』。訳書にカレン・ラッセル『狼少女たちの聖ルーシー寮』『レモン畑の吸血鬼』がある。

時には女優のように着飾って出かける。
「おしゃれという幸福」

　私は最近、オーストラリアのドラマ『ミス・フィッシャーの殺人ミステリー』にはまっている。ミス・フィッシャーは殺人事件を次々と解決する私立探偵なのだけど、捜査中も絶対におしゃれをし、気に入った男たちをどんどん落とし、恵まれない境遇の若い娘たちの世話を焼き、彼女たちを幸せにしてあげる。見ていると、ただただ楽しくて、私も幸せな気持になる。

　見どころの一つは、ミス・フィッシャーのファッションだ。冒険心に溢れ、派手なことが大好きな彼女流に味付けされた、1920年代のおしゃれが存分に楽しめる。東洋趣味に設えられた自室では、彼女は刺繍が美しいガウンを着ている。

　オートクチュールのサロンで殺人事件が起こる回にこんなシーンがある。敬虔なカトリック教徒であり、常に地味な格好をしている若い娘ドロシーは、ボーイフレンドに服装を褒めてもらえず、「気づかれないのはイヤです。でも目立ちすぎるのも困ります」とこぼす。そんな彼女に、ミス・フィッシャーはこう言う。

　「女性は、まずは自分で楽しむために着飾るものよ。おさがりの肌着で育ったなら、シルクの下着のはき心地にうっとりするはずよ。フォックスの柔らかい感触。サテンスカートの肌触り。もしこれらが男性を喜ばせるなら、それはおまけよ」

　ミス・フィッシャーの言う通り、まずは、自分が楽しむことができる服装を。これは大前提だ。大人になったら自分の稼いだお金で服を買うのだから、誰に気兼ねすることなく、好きなものにお金を使い、好きな服を着る。それってすごく自由で、幸せなことだ。

　私は普段カジュアルな服装が好きなので、カフェの店員さんとか、カジュアルな服装が素敵な女性を見かけるとついつい目がいってしまう。去年の春にニューヨークに行ったときに、ブルックリンにある個人経営の書店をいくつか回ったのだけど、カジュアルなTシャツやジーンズ、ワンピースで働いている書店員さんたちの服装がすごく素敵だった。働くときの服装は、動きやすいように、体に馴染んだ、リラックスできる服を

着ているだろうから、無理をしていなくて、余計に似合って見えるのかもしれない。おしゃれとはちょっと違うかもしれないけど、でも日常的に素敵な服装をした人たちを見ると、目が喜ぶというか、なんだかうれしい気持ちになる。

そういえば、かつて働いていた職場には制服があったのだけど、ある日、昼休みに女性社員だけで銀座でランチをしておいでと、上司がお金を出してくれたことがある。私はただ一緒にランチを食べるだけかと思って普段通りの格好だったのだけど、ほかの女性たちがちゃんとおしゃれをして来ていたので、新鮮だった。ヒールの靴をはき、ワンピースや鮮やかな色のスカート姿の彼女たちは、普段は皆同じ地味な制服を着ていることもあって、とても華やかに見えた。おしゃれできるタイミングを逃さない、というのはいいものだなと思った。

私はこれまで映画やドラマに登場するさまざまなファッションに憧れてきたけれど、その中でも特に大好きなのが、アニエス・ヴァルダ監督の『幸福』に出てくる若い妻の服装だ。青と緑の花柄のワンピースや、オレンジや黄色の花柄のワンピースなど、彼女が身につける服の数々があまりにも美しくて、うっとりしてしまう。この映画は色彩のセンスが本当に素晴らしくて、見る度に、はっとする。サラ・ポーリー監督の『テイク・ディス・ワルツ』も、ミシェル・ウィリアムズのワンピース姿がたまらなくキュートだ。彼女たちみたいにワンピースが着たくて、私は夏になると、毎年一枚はワンピースを買ってしまう。

ほかの人たちには見えなくても、自分だけはわかるおしゃれというのも好きだ。私のお気に入りは、ほとんど隠れてしまう服装のときでも、大好きなアンティパストの靴下をはくことだ。常にテーマを決めておしゃれをしている友人がいて、彼女のこだわりを聞くのはいつも楽しい。それぞれが好きな服装をして、日常や特別な瞬間を過ごしてほしい。そんなあなたを見て、誰かがきっと幸せな気持ちになっているはずだ。

Text Asa Takeuchi
Edit Ai Hogami

Standard
№16

trench coat

山崎まどか　*Madoka Yamasaki*
文筆家。東京都出身。本や映画、音楽などカルチャー全般に造詣が深く、得意分野は少女文化。著書に『オリーブ少女ライフ』(河出書房新社)、『「自分」整理術』(講談社)、『女子とニューヨーク』(メディア総合研究所)など。

相棒はトレンチコート。

　クローゼットの中にあってついつい手にとってしまう。トレンチコートは私たちのワードローブになくてはならない存在。普遍的なアイテムだからこそコーディネートやムード、ちょっとしたアイデアで素敵にまとうヒントを得たい。まるで映画のワンシーンみたいに。そこで山崎まどかさんに、お手本にしたくなるトレンチスタイルのヒロインを3人挙げてもらった。
「まずリアルに取り入れられそうな着こなしといえば、『クレイマー、クレイマー』でメリル・ストリープが演じたジョアンナ。少しオーバーサイズでロング丈のトレンチというセレクトが今っぽいですよね。働きたいと離婚する自立心のある女性という設定の役柄なので、グレーやベージュを基調にした服装が多く出てきますが、どれも上品で素敵。まさにスタイリッシュなニューヨークスタイルというイメージです。なかでも、彼女が公園で離れ離れになった子どもに会いに行くシーン。そこでトレンチを着た姿がまさに自立した女性という雰囲気で印象的。当時のメリル・ストリープはいわゆる正統派美人というタイプではないのですが、知的できれい。大人の女性のお手本にぴったり。背の低い日本人が海外女優のトレンチスタイルを真似するのは一見難しいように感じますが、こういったロング丈を選ぶのはひとつの手ですよね。一枚でさまになるアイテムだからこその選択肢だと思います」
　ベーシックだからこそ、合わせを選ばないのもまたトレンチの魅力。意外性を楽しむのも粋だ。
「1940年前後の上海を舞台にした『ラスト、コーション』のヒロイン、タン・ウェイ演じる女スパイ、ワンの着こなしはここ近年で一番インパクトのあるトレンチスタイルでした。上流階級の奥様という設定のため上質なチャイナドレスを着ているのですが、その上にディテールがミニマムなトレンチを合わせていて。あまりない組み合わせだけれど、新鮮でとってもチャーミング。ついその意外性にばかり目を奪われますが、スタンドカラーとトレンチのバランスの良さにも注目してほしいですね。結った髪やレトロなハットなど、合わせ

| MERYL STREEP | TANG WEI | AUDREY HEPBURN |

Columbia Pictures / Photofest / ゼータイメージ

Focus Features / Photofest / ゼータイメージ

Paramount / Photofest / ゼータイメージ

『クレイマー、クレイマー』(1979／米)
自立を求めて家を出る妻(メリル・ストリープ)と、失意のなか仕事と家事に奮闘する夫(ダスティン・ホフマン)と子の絆を描く。ロバート・ベントン監督が離婚と教育権という現代社会の問題をヒューマンな視点で写した、アカデミー賞5部門受賞の大ヒット作。

『ラスト、コーション』(2007／中・米・台・香港)
日本軍占領下の上海、そして香港を舞台にしたアン・リー監督による美しきサスペンス。抗日運動に身を投じる美しき女スパイ(タン・ウェイ)と、親日家で特務機関のリーダー(トニー・レオン)との禁断の愛の描写が話題に。ヴェネチア映画祭で金獅子賞受賞。

『ティファニーで朝食を』(1961／米)
トルーマン・カポーティの原作をブレイク・エドワース監督が映画化した都会派ラブストーリー。ニューヨークを舞台にリッチな結婚生活を夢見るヒロイン(オードリー・ヘプバーン)が、さまざまな困難を乗り越えて真実の愛にたどりつくまでの過程をコミカルに綴る。

も素敵です。スパイという特殊な役柄ならではの緊張感もピリリとしたエッセンスになっています」
　そしてトレンチといえば定番スタイルもはずせない。華美ではなく、カジュアルなムードが今の気分。
「オードリー・ヘプバーンのトレンチスタイルは時代を経ても色あせることない永遠の定番ですね。私が好きなのは『ティファニーで朝食を』で彼女が見せる、ラフなコーディネート。クラシカルなブラックドレス姿があまりにも有名ですが、トレンチやスウェットやデニムパンツなどベーシックなアイテムを取り入れた、ニューヨークの女の子らしい等身大の着こなしも素敵です。抜け感も感じさせるという点では今に通じるものがあるんじゃないでしょうか。ちなみにこの映画で彼女が私物として持ち帰った衣装がそのトレンチだけだという逸話もあるそうです」
　また映画におけるトレンチは、オンとオフの切り替えスイッチにもなり得る。はたまた街中に自然と溶け込む装置としてうまく機能している場合が多いとか。

「1950〜60年代の映画や写真集を見ると、パーティードレスの上にトレンチを羽織ったスタイルを見かけます。街中をトレンチ姿で移動して、会場に着いたら脱ぐ。まるでオンとオフのスイッチみたいな存在として機能しているんです。またトレンチに身を包むと、自然と自分が街中に馴染んでいく。だからこそ、美しい女優さんや私立探偵が自分の存在を消すためによく着ている、というのも一理あると思います」
　もともと軍服として生まれたトレンチは機能性という点でも愛されてきたアイテムだ。
「雨風に強くて防寒性があるから日常的に使える。流行り廃りがないから長く愛せる。アラン・ドロンのような往年の名俳優がボタンをきっちりと留めて襟を立てて着ていたり、オードリー・ヘプバーンの大判スカーフを頭にぐるりと巻いたトレンチスタイルも、元をたどれば機能性から発生したものだと思います。リアルな着こなしだからこそ、自然と醸し出されるこなれ感も愛され続ける重要なポイントではないでしょうか」

IT'S JUST LIKE A MOVIE

Photography Daisuke Mizushima (D-CORD)
Styling Jun Yamazaki
Hair&Make-up Taro Yoshida
Model YUAN
Text&Edit Ai Hogami

『クレイマー、クレイマー』のジョアンナのエフォートレスシックなトレンチスタイルがお手本。白ベージュのニュートラルな色を組み合わせるときには、地味にならないよう袖をまくるなど、着こなしに強弱をつけて。

シャツ ¥19,000、他参考商品（23区／オンワード樫山）

『ティファニーで朝食を』のホリーのトレンチスタイルを、カジュアルにアップデート。誰にでも真似しやすい、好感度の高い着こなしは、スカーフなどの小物にハズシを入れると洗練されたムードになる。

ニットトップス¥12,000、デニムパンツ¥19,000、スカーフ¥5,900、他参考商品(23区／オンワード樫山)

〈商品問い合わせ〉
株式会社オンワード樫山　お客様相談室　☎0120-586-300

『ラスト、コーション』のワンのような、セクシーさを内側に秘めたトレンチスタイル。ミリタリー感のある正統派トレンチに、あえて黒のタイトスカート、赤いリップとネイルのような相反するものを合わせて色っぽく。

シャツ¥21,000、スカート¥16,000、他参考商品（23区　オンワード樫山）

Photography Yayoi Arimoto
Clothing 23ku
Text&Edit Keiko Kamijo

Standard
№17

book

本の中に描かれる"物語"に入り込むのも、旅をするひとつの方法かもしれない。
「旅をするのは大好きなんですが、根っからの面倒くさがり、怖がりな性格なので、仕事や人から誘われないと行けず、バーチャルな旅ばかりしています」と言うのは、小説家の柴崎友香さん。日常の微細な変化をつぶさに感じ取り小説の世界に展開する柴崎さんは、そうした視点は読書による旅から得られることも多いそう。
「実際に旅をしている本もあるし、旅のような体験ができる本もあります。たとえば『愛のようだ』では、主人公が別の人と別の目的地にドライブに行く話が書かれています。車という密室の中で限られた人数で、割と長い時間一緒にいる。同じ景色を見て、同じ空間にいるのに違うことを考えている。そして関係性が変わっていく。その感覚が面白い。『その姿の消し方』は、フランスで見つけた絵はがきに書かれた一編の詩を巡る旅の話なんですが、最初に絵はがきに出会ってから、20年以上経ってまた同じ土地を訪れたりする。間が空いていること、距離が離れていること、うっすらとした絵の具を何度も塗り重ねるように語る文体で、絵はがきにまつわる人の存在と不在が際立つ。不思議な感覚になる小説です。小説やエッセイ、俳句にしてもそうですが、新しい文化や思考に触れることで自分の視点が少し変わる。その感覚が、旅をしているときの感覚に近いのだと思います」

本を読んで想像の旅に出る。

『その姿の消し方』
堀江敏幸
古物市で見つけた古い絵はがき。消印は1938年。朽ち果てた建物と四輪馬車の写真と、その裏には一編の詩が記されていた。絵はがきの主と主人公の奇妙な「縁」とは。
新潮社／¥1,500

『素晴らしきソリボ』
パトリック・シャモワゾー
カーニバルの夜に、語り部ソリボは喉を掻き裂かれて死ぬ。クレオール小説独特の言語と文化のリミックス感に驚愕する。
関口涼子、パトリック・オノレ訳、河出書房新社／¥2,200

『愛のようだ』
長嶋有
40歳で免許を取得した主人公が友人とその恋人を乗せてドライブに行く。漫画やゲームを題材にたわいもないお喋りをする車中で、それぞれの思いが錯綜する。
リトルモア／¥1,200

『本は読めないものだから心配するな』
管啓次郎
一冊の本から世界が広がり、さまざまな方向へ拡散する書評集。「読むことと書くことと生きることはひとつ」と著者は言うが、本書を読むとその意味がよくわかる。左右社／¥1,800

『君に目があり見開かれ』
佐藤文香
1985生まれの新鋭俳人によるレンアイ句集。「旅って、特に一人旅は、風景の中に誰かを思う、片思いの感覚がある。この句集を読むとそれが味わえる」と柴崎さん。
港の人／¥1,200

『木霊草霊』
伊藤比呂美
アメリカで生活をする詩人による植物にまつわるエッセイ。植物を通して、日本とアメリカの文化や自然観の違い、身近な人の死や成長、生命のあり方を見つめ直す。
岩波書店／¥1,800

柴崎友香　Tomoka Shibasaki
1973年大阪市生まれ。小説家。2000年に『きょうのできごと』を刊行（04年に映画化）。著作に『その街の今は』『寝ても覚めても』『また会う日まで』『虹色と幸運』『わたしがいなかった街で』『春の庭』などがある。

Edit&Text Keiko Kamijo
Translation Kenichi Eguchi

Standard
№ 18

love letter

上條桂子　*Keiko Kamijo*
編集者。雑誌でデザイン、アート等の編集執筆や、書籍の企画編集などを担当。最近編集した書籍は、『お直しとか カルストゥラ』『Act of Love 求愛行動図鑑』など。編著に『玩具とデザイン』がある。

ラブレターを書く。

　ラブレターを書いたことはあるだろうか。手紙自体を書くことが少なくなった昨今、ラブレターなんて気恥ずかしいものは、もはや漫画や映画の中だけにしかない存在になってしまったのかもしれない。さまざまな年代、関係性、国籍の"女から男へ"宛てた手紙に綴られる、血の通った言葉に思わず筆を執りたくなる。
　百人一首では、五・七・五・七・七という三十一文字の言葉に乗せて恋心を伝えている。和泉式部は、奔放な恋愛を繰り広げ何人もの地位のある男性たちを情熱的な和歌で翻弄する。そんな彼女だが、自らの死を意識して詠んだ一句には、恋の駆け引きではなくストレートな感情が垣間見える。一方、清少納言は機知に富んだインテリ女子で、恋の誘いをユーモアに乗せて巧みにかわす術を心得ていたと言える。
　夫婦の深い愛情を表す手紙の書き手として、小説家・宮本百合子と詩人・茨木のり子を挙げたい。宮本は獄中にいる夫の顕治に約900通もの手紙を送り、日々の出来事などとともに読書論・文学芸術論を記している。茨木の詩は、彼女の死後発見された「Y」と書かれた箱の中に収められていたもので、夫・三浦安信亡き後に書き溜められた詩が40編近く残る。長年連れ添った二人にしかわからない、独特な空気が漂う。
　秘めた恋に交わされた言葉も美しい。かの「白蓮事件」と呼ばれた歌人の柳原白蓮と社会活動家・宮崎龍介との恋。夫婦生活がうまくいっていなかった白蓮は7歳年下の宮崎に夢中になる。鬼気迫る文面だが、後に二人は駆け落ちすることに。また、作家・向田邦子が愛したN氏には妻子がいた。脳卒中で足が不自由になったN氏の病院に宛て、邦子は"超"がつく多忙を極め、ホテルに缶詰めになっていたにもかかわらずせっせと手紙を書く。決して弱音を漏らさず、おどけた自分を表現することで彼を励ましているのがわかる。
　Eメールだってラブレターは出せる。アーティストのミランダ・ジュライの"We Think Alone"プロジェクトに掲載された恋人へのメールの文章は、なんともキュート。これだったら真似できるかもしれない。

あらざらむ
この世のほかの
思ひでに
今ひとたびの
あふこともがな

和泉式部

夜をこめて
鳥の空音は
はかるとも
よに逢坂の
関はゆるさじ

清少納言

私はもうすぐ死んで、あの世に行くかもしれません。せめてこの世の思い出に、もう一度だけ、あなたにお会いしたい。

まだ夜が明けないうちに、鶏の声真似で騙そうとしていても、私はあなたに逢うことはありませんよ。

九月七日〔市ヶ谷刑務所の顕治宛　駒込林町より（封書）〕

第十信　八月三十日から。
この頃私はこの手紙が日記のようなものですね。又くつろいだお喋り。親密な会話。頭の中でつきつめたことの独白――もう一人の自分に向っての。そういう風ね。私は自分の全生活の波、色、響をあなたのところへ一つものこさずつたえて、それでくるんであげたい。むきになって仕事をしているときのつめよせた調子までも。一貫した生活のトーンで、私の生活の波長をはっきりお感じになるというのは、私にもわかる。そして、私は、はっきりそのことを感じてもいるのです。私の生活の響が応えられていることを。
さあ、本当にこうしていないで髪を洗わなければ。さっきの手紙を封をしてまだテーブルの上におき、私はもう次のたよりの冒頭をかいているのです。

宮本百合子「獄中への手紙　一九三六年（昭和十一年）」
『宮本百合子全集　第十九巻』新日本出版社より

プロレタリア文学運動に参加していた百合子は、1932年に9歳年下の共産党員の顕治と結婚したが、すぐに投獄されたため、夫婦で生活した期間は短い。

"Yours Fickely sometimes but Devotedly at present
—Ginevra,"

"いつも気まぐれだけど今はすっかりあなたに夢中"な
ジニーヴラより

I know I am a flirt and I can't stop it.

移り気だってわかってるけど、そういう性分なの。
（自分でもとめられないの）

ジニーヴラ・キングからスコット・フィッツジェラルドへの手紙
NY Timesウェブサイトより

初恋相手はシカゴの上流階級の令嬢。交際は長く続かずお互い手紙を
処分する約束をしたのだが、スコットは彼女からの手紙を保存し続けた。

やつぱり六月はゆきますまいね。山田さんもいやに待ち焦がれてゐる。他にも誰がみるやら。何しろなぜか私にはなぜこんなに人の誘惑が強いのやら。人の情けと世の無情が悲しくつらい。どうぞ私を私の魂をしつかり抱いてて下さいよ。あなた決して他の女の唇には手もふれては下さるなよ。女の肉を思つては下さるなよ。あなたはしつかりと私の魂を抱いてて下さるのよ。きつとよ。少しの間もおろそかな考へを持つて下さるなよ。
（中略）
覚悟していらつしやいまし。こんな怖ろしい女、もういや、いやですか。いやならいやと早く仰い。さあ何うです。お返事は？

柳原白蓮から宮崎龍介への手紙
『世紀のラブレター』梯久美子著（新潮新書）より

まるで芝居の台詞のような言葉である。後に駆け落ちをし、新聞紙上に夫への絶縁状を掲載する「白蓮事件」となったが、二人は最期まで添い遂げた。

あたしの最愛の、とっても大事なムッシュー、

　あなたのために性的に錯乱したこともあるらしい、頭の少々おかしい女性をこちらでお預かりしています。彼女は、それ以外は、立派な性格の主で、働く気力も満々で、給料は名ばかりでもいいと言っています。教養もあり、色白、瞳は緑で、あなたがお書きになるような洗練された若い男性との結婚を前提のお付き合いをもとめています。経験不問。家庭生活を非常に好み、家に置いとくには素晴らしいペットです。左耳の後ろにわずかに精神分裂の印があります。とりあえず申し上げておきたいのは、この患者はわたしたちがいまあつかっている向こう見ずな面々のなかでは最高のひとりだということです。彼女にはいかなる傷も与えたくありません。いまは主に灼熱の恋に悩まされているようです。すこぶる元気で血色もよく、六・五・四のキューピッドの矢がどうしたこうしたと騒いでますから、すぐおわかりになります。この標本はきっと満足をもたらしてくれるとわたしたちは期待してます。今後の処置は、ぜひ、すべてわたしどもにお任せください。心と魂と肉体のぜんぶで、ぜんぶでぜんぶで愛しています。

『ゼルダ・フィッツジェラルド全作品』マシュー・J・ブラッコリ編、青山南・篠目清美訳（新潮社）より

狂乱の時代の象徴とも言える夫婦の手紙。精神分裂病の症状がひどくなったゼルダはスイスのニヨンにあるプランジャンクリニックから手紙を出している。

今朝はとてもきれいなインドの庭園を散歩してきたの。（ローディー・ガーデンという、市内で一番古い庭園だけど、まるで誰かが巨大なドクター・マーチンでヴェルサイユ宮殿をどかっと踏み潰したみたいな感じ！）そして緑色をした大きな池を通りすぎると20羽以上の白鳥が好き勝手に泳いでいて。同じグループのお年寄りたちはみんな白鳥を手なずけようとしていたけど、わたしは10代後半か20代前半で、ベンチで寄り添って楽しそうに話していた若いカップルを見ていた。それから40分ほどかけて庭園をぐるっと散策して戻ってみたら、二人はまだ同じ場所にいて、すごい勢いでしゃべっていた。それで、いつもそうだけど、わたしはあなたのことを考えてしまって、私ならあなたと4日間同じベンチにいてもいいし、それでもあなたの話を聞き足りないくらいだって思ったの。だって、あなたが今まで見てきたすべてを聞きたいし、その時々にどう感じたかすべて知りたいんだもの。そして、もしそれを知ることができたなら、わたしの人生はずっとずっと幸せになると思うの。

大好きよ。
レナ

http://www.huffingtonpost.comより

女優兼作家のレナ・ダナムから恋人であるギタリストのジャック・アントノフへ宛てたメール。ウィットに富んだ言葉遣いで話題となった。

きのうは陣中見舞有難うございました。つまらなくて、ぼっくオヒスがおこりかけていたところだったので、とてもうれしかった。

（中略）

いまミカンをひとつたべました。やはり空気が乾燥しているのか、ミカンがとてもおいしい。一日に、五つから七つはたべます。そのうちに美人になるでしょう。そっちもせいぐたべて下さい。

では、ぼっくはじめるかな。イヤダナ。日曜日に、お刺身でビールをのむのをたのしみに。

お大事に。

邦子

向田邦子からN氏宛手紙（昭和三十八年十二月十三日消印
『向田邦子の恋文』向田和子著（新潮社）より

半身不随になって入院生活を送る13歳年上の恋人・N氏に向けて、手紙の中でも努めて明るく振る舞う様子が窺える。後にN氏は自ら命を絶ってしまう。

部分

日に日を重ねてゆけば
薄れてゆくのではないかしら
それを恐れた
あなたのからだの記憶
やわらかだった頭すじの匂い
好きだった髪の毛
あなたのからだの記憶
水泳で鍛えた厚い胸廓
皮脂なめらかな頬
やわらかだった頭すじの匂い
π字型のおへそ

それから
ああ それから
もっともっとひそやかな細部
爪のびれば肉に喰いこむ癖あった足の親指
ひんぴんとこぶらがえりを起したふくらはぎ
どうしたことでしょう
それら日に夜に新たに
いつでも取りだせるほど鮮やかに
形を成してくる
あなたの部分

『歳月』（花神社）より
茨木のり子

生前は発表されることのなかった、夫の三浦安信への思いを綴った詩。2006年、のり子が夫の元へと旅立った後に遺族により発表された。

ひとりで行けるバーがある。

平尾香　*Kaori Hirao*
1972年神戸生まれ。イラストレーター。ベストセラー『アルケミスト』や『ベロニカは死ぬことにした』(共に角川書店)などの挿画を担当。著書に『たちのみ散歩』(情報センター出版局)、『ソバのみ散歩』(枻出版社)。

Photography Sachie Abiko
Illustration Kaori Hirao *Text&Edit* Tomoko Ogawa

Standard № 19

bar

　人との出会いや情報源の宝庫ともいえる酒場。大人の女性のたしなみとして、一人飲みができる店の候補をいくつか持ち合わせていたいもの。「書籍『たちのみ散歩』の取材をきっかけに、飲み歩きを始めた」というイラストレーターの平尾香さん。
「一人でも入りやすい店は、いい店ですよね。構われすぎない、ほどよい距離感があるから」
　逗子在住ながら、新しい店も次々と開拓する。一度訪れて気に入ったら、次は一人で行ってみる。
「友達と行ったお店で、オーナーやスタッフの方と仲良くなると、その後に一人で行ってもトークできるし、すぐ場に馴染めますよね。でも、初めて行った店の人とおしゃべりをしなくても、この雰囲気好きだなと思ったら、次は一人で行くこともあります」
　平尾さんがおすすめするのは、恵比寿の立ち飲み天ぷら屋『喜久や』。欧州に日本の立ち飲み文化を発信すべく拠点として2015年秋にオープン。リーズナブルでおいしい天ぷら（1ヶ150円〜）を、日本酒、ビール、ポルトガル産のワインなどとともにいただける。
「カウンターの立ち飲み屋だけれど、土地柄か、隣のお客さんとの距離感も近すぎず、内装も女性がとても入りやすい雰囲気。天ぷらを食べられるのは高級店かがっつり系の二択という印象がありますが、ここなら、つまみとして好きな量だけ食べられるのがうれしい。ホワイトブロッコリーや大根など、女性好みの変わり種もたくさんあるので色々な味をちょっとずつ楽しんで」

ちょっと一杯、つまみに

『喜久や』：平尾さんが手がけたのれんや壁画が空間を彩る。
🏠 東京都渋谷区恵比寿4-6-1
☎ 03-5422-90/7
🕐 16:00〜24:00（土日祝〜23:00）

やさしいワインと過ごす、自由な時間

　2軒目に紹介してくれたのは、中目黒の隠れ家のようなお店『CANTEEN（キャンティーン）』。1月でオープンから丸4年になり、1年前から平尾さんの学生時代の友人の山下善史さんがシェフ兼ソムリエを務めるダイニングバー。ワインだけでなく、ウイスキーやカクテルも揃う。平尾さん、ここにはちょくちょく飲みに来たり、食べに来たりしているらしい。

「女性が好きな要素しかないお店なんじゃないでしょうか。ワインは8〜9割ビオのものが揃っているし、お料理も水牛モッツァレラトマトとはっさく（1,300円／写真左）や、あさりのポテトチーズグラタン（1,400円／写真右）などワインに合う、ジャンルに偏りがない家庭的なものばかり。味もおいしくて、メニューも季節ごとに替わるので、飽きることがない。あとはファレル似のイケメン店主と会えます（笑）」

　アパートをリフォームしたという店内は、どこか家らしさの香りが残り、友人の家に遊びに来ているような居心地の良さがある。一人でワインを飲みながら夕食を食べたり、本を読む女性の姿もちらほら。
「気遣いはしながらも、わりとほうっておいてくれるのがいい。お客さんも落ち着いている方が多いので、一人の時間を満喫できる。誰かと会う前に0次会をやってペースを整える場所にするもよしですし、たとえば同じくらいのペースで飲む飲んべえの知り合いにばったり会って、一緒にたくさんワインを空けてしまうのもまたよしです」

『CANTEEN』：野菜たっぷり料理がうれしい。
住 東京都目黒区青葉台1-16-15 2F　☎ 03-3770-6014
営 18:00〜23:00（L.O.）　火・第2・4水休

お酒も、つまみも、酒器も楽しや

　門前仲町駅から徒歩3分の路地に潜む、カウンター8席のお店『酒亭 沿露目（ぞろめ）』。バーテンダースタイル、蝶ネクタイ姿の店主・大野尚人さんが迎えてくれるこのお店との出会いは、飲んべえ仲間からの噂を聞いて駆けつけてみたことから。
「酒飲みの女性にはぴったりのお店です。店主の大野さんは和食にこだわって修業してきたというより、生粋の飲み歩き好きでこだわりの美食家。ご自分でも、『いろんな店のメニューのいいとこ取りを、自分なりにアレンジしている』とおっしゃっていますが、美食が高じて作っているからこその、とびきりのおいしい酒の肴がいただけます」
　決してお酒マニアに向けた店ではなく、お酒を楽しみたい人に開けた店というコンセプトの通り、ここに集まってくるのは、とにかく酒好き、美食家ばかりだとか。季節を感じさせるお料理とお酒のメニューも豊富で、季節の一汁三菜（1,500円）は、鮮魚や鴨、野菜を使った3皿に、汁が付くという一人飲みにはうれしいセットも。
「骨董の食器のセレクトもすごく素敵で目にも楽しい。着物を着て訪れたくなる、そんなお店ですね」
　年を重ねると、親しい友人間でも互いの生活スタイルやスケジュールのずれが生じ、すり合わせることが億劫に感じることもある。
「飲みたい気分のときに誰かを誘うのもいいけれど、一人で行くという選択もある。少し時間が空いたなとか、一杯飲んで帰ろうかなというところから始めてみてください」

『酒亭 沿露目』：2013年11月に開店。東京都江東区富岡1-12-6 阿久津ビル1F ☎03 5875-8382
営17:00～翌1:00 (LO.24:00) 日・第2・4月休

Illustration Naoki Shoji
Text Setsuko Nakagawa
Edit Ai Hogami

Standard
№ 20

4C

私の食後は"4C"。

「食後の4C」と呼ばれる、4つの"C"。Café(コーヒー)、Chocolate(チョコレート)、Cigar(シガー)、Cognac(コニャック)……、いずれもフレンチを愉しむうえでは欠かせないアイテムとして、殿方を中心にアフターディナーに親しまれてきた4つのキーワードなのだが、今どきの女性たちには少々しっくりこないというか、ちょっぴりハード過ぎという気も。

「最近の女性は、お昼はしっかり働いてがんばっている人が多いですから、夜は癒されたいですよね。コーヒーやコニャックなどの強いものではなく、もっと優しい"4C"があってもいいかなと思います」

そう語るのは、スイーツライターとして活躍中のchicoさん。では、chicoさんおすすめの、いま注目の"4C"とは、どんなアイテムなのだろう。

「最初のCは、Camomile tea(カモミールティー)ですね。リラックス効果もありますし、ミントやジンジャーなどお好みのハーブを入れて楽しんでもいいのでは。食後のスイーツともさまざまに合わせやすいです。そしてスイーツといえばCheese cake(チーズケーキ)はどうでしょう? いつの時代も女性が大好きなケーキの一つですし、最近では低糖質のものも登場して、新たな話題になりそうです。同じチーズケーキの中でもCrème d'ange(クレーム・ダンジュ)は特に、ふわふわの口どけが癒されますし、まさに今どき女性が求めている気分にぴったりなのでは」

また、女性ならではの欠かせない"C"といえば、Conversation(会話)と、chicoさん。

「おしゃべりって、女性にとってはすごく大事ですよね。気分転換にもなるし、情報交換にもなります。たとえば私が気に入っていて、"4C"としてもおすすめしたいものに、Citronette(シトロネット)というレモンピールにチョコレートコーティングをしたチョコレートがありますが、こういうものをおしゃべりの中で『とってもおいしいのよ』と伝えるのは楽しいものです。そんな、会話も交えた"4C"を、今どき女性のための"C"として、提案したいですね」

直訳すると"天使のクリーム"という意味のチーズケーキは、フロマージュ・ブランで作るふわふわの口あたりが魅力。

レモンピールをチョコレートでコーティングしたもので、香りがよく優しい味わい。chicoさん注目のチョコの一つ。

リラックス効果が高く、就寝前に飲むお茶にもおすすめのハーブティー。その柔らかな味わいはスイーツとの相性も◎。

chico
スイーツライター&コーディネーター。雑誌『anan』や『Hanako』など女性誌を中心に幅広く活躍中。著書に『東京の本当においしいスイーツ探し』(ギャップ・ジャパン)、『東京最高のパティスリー』(ぴあ)などがある。

Illustration Marie Hashimoto
Text Yumiko Mizushima
Edit Ai Hogami

Standard
№21

skin care

お肌のために、夜できること。

「良質な睡眠」が美容と健康に欠かせないことは、医学的見地からもあきらかと久保田全さんは指摘する。「基礎代謝や肌のターンオーバーにかかわってくる『成長ホルモン』は、眠っている間に放出されます。ただし、睡眠時間の量に比例するというわけではありません。成長ホルモンが放出されるのは、眠りについてから最初の3時間、しかも『ノンレム睡眠』という深い眠りの状態にあるときだと言われています。ですから、ベッドに入っていかに短時間で深い眠りにつけるかが重要になってきます」

しかしストレスの多い現代社会の暮らしでは、睡眠だけで肌をベストの状態に保つのは難しいのも事実。「肌トラブルが気になるなら、ぜひ一度美容皮膚科医に相談してみてください。ひとりひとりの肌質や症状に合ったサプリメントやドクターズコスメなどを処方してくれるので、早めに解決できると思います」

久保田全 *Akira Kubota*
美容皮膚科医。再生医療に関する最先端の研究活動に携わる一方、臨床医としても数多くの患者の診療を手がける。美容医療全般に精通した再生医療の専門家として、美容系雑誌やTV番組などのコメンテーターとしても活躍中。

くすみが気になる肌におすすめのサプリメント。ヒハツエキスが明るく、透明感ある肌に導いてくれる。
ウィードット ホワイト エクスペリエンス ¥12,800
(三興物産 ☎075-392-0529)

最新の再生医療研究から生まれた「ヒト幹細胞培養エキス」。抗炎症効果、抗酸化作用があり、細かなシワの予防・改善にも。
ステムセル エッセンス〈院内処方〉(1ml) ¥25,000(TLC日本橋クリニック ☎03-6264-9460)

肝斑やシミ対策のためのトラネキサム酸と、美白効果を狙ったAPPSのパウダー。手持ちの化粧水に加えて使える。
イオンパウダー〈院内処方〉
¥5,000(TLC日本橋クリニック)

バスタイムとお風呂あがりのスキンケアの時間を上手に使えば、心と体の状態をオンからオフへ、気持ちよく導くことができるはず。
「仕事を終えて家へ帰った後も、夕飯の支度に後片付け、娘をお風呂に入れて寝かしつけて……と、やることはいっぱい。でも余裕のある日は、寝る前に1時間くらいしっかりとお風呂に入ってスキンケアする自分のための時間を作るようにしています」

仕事柄、さまざまなコスメを試用する大澤美保さんに「自分に合ったコスメの選び方」を聞いてみた。
「私が基準にしているのは、使った翌朝から『肌のふっくら感』が実感できるようなもの。スキンケアはリラックスするための時間でもあるので、使ったとき心地いいと感じる香りやテクスチャーも大切にしています。肌を1ステップ底上げしてくれて、気持ちも前向きになるようなコスメを選ぶといいと思います」

大澤美保　Miho Osawa
オーガニックコスメブランドを取り扱う『スタイラ』のPR担当。体調不良に悩まされていた20代の頃、オーガニックコスメに出会い、そのパワーや魅力を実感。その後、現在の会社へ転職。プライベートでは1児の母。

「保湿力の高さはピカイチ。ザクロの成分のおかげで、翌朝の肌はもちもちでずっと触っていたいほど」。ジョンマスターオーガニック POMフェイシャルオイル ¥7,600〈スタイラ ☎0120-207-217〉

「ピンクペッパー配合の引き締め効果のあるバスソルトですが、体を芯から温めてくれるので、冷え性にも効果的です」。エルバビーバ SHバスソルト ¥3,700（スタイラ）

「エイジング対策用のクリーム。これにジョンマスターオーガニックのフェイシャルオイルを数滴混ぜて使っています」。シン ピュルテ AGクリーム ¥9,500（スタイラ）

忙しいとき、疲れているときこそ、リラックスした状態で眠りにつきたいものだけれど、そういうときに難しいのが気持ちの切り替え。
「気持ちってそのまま肌や表情に出てしまうから、メイクのテクニックだけでは補えない。夜眠る前に、一日の感情をリセットすることは『明日のキレイ』のためにすごく重要なことだと思います」

自身も仕事に追われ、文字通り「笑えなかった」時期があるというレイナさんが編み出した対策は、眠る前、ポジティブな気持ちに持っていくためのステップ。
「お風呂に入った後は、スマホやPCは一切触りません。ちょっと明かりを暗くして、鏡の前でスキンケアをしながら頭の中をからっぽにします。嫌なことがあった日も、反省しすぎたらダメ。『次はこうしよう』といい方向へ考えて、無理にでもニコッとしてからベッドに入れば、すうっと気持ちよく眠りにつけます」

レイナ　Reina
雑誌、広告などで活躍するメイクアップアーティスト。主宰するメイクアップサロン『Crystalline』では、個人を対象にしたレッスンが好評。近著に『コンプレックスを解く 本当にちょっとしたメークの法則』（小学館）。🌐 www.reina-make-up.com

鏡を見て自分の顔ときちんと向き合うことって、意外と大切。「疲れているときこそ、鏡の前で無理に笑顔を作ってみてください。顔の筋肉を動かすと、自然にリラックスできますよ」

「目の位置が上がった？と思うくらい、肌がふっくらしてリフトアップ効果を実感しました」。プロージョン 炭酸ミストユニット ¥29,800（MTG ☎0120-467-222）

美容のためとはいえ、眠る前にやることが増えると逆にストレス。「むくみ足対策は『ずぼらマッサージ』程度でもじゅうぶん効果があります。脚を組んで膝頭でふくらはぎを押すだけ！」

Illustration Yosuke Yamaguchi
Text Maho Shimao
Edit Tomoko Ogawa

Standard
№ 22

walk

散歩へ出かける。

「チンピラの夜」

「今日はチンピラするか」
　夕食を済ませて、後はお風呂に入って寝るだけ。そんな中、父の気まぐれで出た一言は小学生のわたしを飛び上がらせるほど喜ばせた。
　我が家では、夜に近所のコンビニエンスストアまでアイスを買いに行くことを"チンピラ"と言った。夜遅くに出歩いてブラブラするような子は不良ではなくて"チンピラ"だ。
　このまま終わるはずだった一日についた、とびきりのオマケ。父と母と、寝る支度をしている祖父母に「行ってきます」と伝えて外へ出る。
　少し前まで、最寄りのコンビニは線路沿いにある家族経営のセブン–イレブンだったけれど、小学２年生の頃にもう少し近くのガソリンスタンドが「サンチェーン」というコンビニに変わった。ガソリンスタンドでは、隣のクラスのエリコちゃんのお父さんが働いていたはずだ。「今はどこにいるんだろうね」、そんな話を家族でしながら、夜の住宅街を歩いてアイスを目指す。道すがら、すれ違うのは遅い帰りのサラリーマンやキコキコと自転車を漕ぐオジさんくらいで、子どもの姿を見ることはもちろん、無い。夕方にはあんなにカァカァうるさかったお寺のカラスもすっかり寝静まっている。わたしたち、取り残された人類みたいだ。
　父はアイスモナカ、母はあずきバー、わたしはカップの氷いちご。お決まりのラインナップ。あの頃は、まだアイスの種類も少なかった。レディーボーデンの大きなカップは特別な日じゃないと買えない。
　サンチェーンのおかげで便利になった代わりに、チンピラの距離は短くなってしまった。わざとジグザグに歩いたり、のんびり歩いたり。
「ほら、サッサと帰らないとアイスが溶けるよ」
「アイスじゃないもん、氷いちごだもん」
「ヤーね、屁理屈言って……」
　チンピラの時は、母もなんだか楽しそう。口答えをしてもいつもより優しく返事をしてくれる。
　家に着くと、祖父母が寝ている２階の電気はすっか

り消えていた。
　おばあちゃんとおじいちゃんに、今日は「おやすみなさい」を言わなかったな。そんなことを思いながらアイスを頬張る。
　あんなに楽しみだったアイスだけれど、いざ食べ始めるとなんだか寂しい気持ちになるのだ。もっと夜の道をブラブラしたかったなあ。わざと大きい声を出すと、響くんだよなあ。暗くて怖いはずの夜道なのに、お父さんとお母さんと一緒だと、なんでこんなに楽しいんだろうな。
　いつもより遅いお風呂。口の中だけ、冷えていてなんだか変な感じ。ステンレスの浴槽に、ゆがんだ自分の裸が映る。
　あーあ、あっという間のチンピラだった。今度はいつなんだろう。
　次の日の学校は、少しだけ大人になった気分。昨日の夜、みんなが寝ている時間にわたしはアイスを買いに行っていたんだよ。

　サンチェーンはその後、別のコンビニに名前を変えた。高校生になると、わたしはひとりで勝手にチンピラした。レジを打つバイトは同級生。好きだった氷いちごにもいつのまにか手が伸びなくなって、ハーゲンダッツだとかガリガリ君ばかりに目がいくようになっていた。
　夜道も変わった。薄暗かった街灯が明るい光になった。家路を急ぐ人の顔は、携帯の画面で照らされている。昔は、前を通るとセンサーが反応して電気がつく家なんて、なかった。
「今日はチンピラするか」
　父の気まぐれで始まる、ほんの少しの夜の散歩はあっという間だった。本当に、本当にあっという間に過ぎる、楽しいオマケだった。

しまおまほ　*Maho Shimao*
エッセイスト、イラストレーター。1970年生まれ。著書に『ガールフレンド』『マイ・リトル・世田谷』(共にスペースシャワーブックス)など。TBSラジオ『ライムスター宇多丸のウィークエンド・シャッフル』に出演するなどその活動は多岐にわたる。

Standard № 23 music

ぐっすり眠れる音楽がある。

充実した一日を過ごすための上質な睡眠。その陰に、心地よく眠らせてくれる音があることを働く女たちは知っている。11名の女性クリエイターに訊いた眠れる名盤とは?

モデル
Kelly

雑誌『CLASSY』『BAILA』『andGIRL』など、さまざまなメディアやショーで活躍中。ヘルシーなライフスタイルが女性から高い支持を受けており、ヨガやキックボクシングなどにも造詣が深く、スーパーフードアカデミーのイメージキャラクターも務める。

『Peaceful Samadhi』
NAOrchestra
LIFE SOUNDS ¥2,574

ヴァイオリニスト・石橋尚子による美しいヴァイオリンの音と、ほどよいスピリチュアル感が合わさったヒーリング・ミュージック。「日本のヨガ界の第一人者であるケンハラクマ先生のヨガイベントに出演した時にいただきました。寝る前にこのアルバムを聴きながら深呼吸とストレッチをすると、疲れていた身体の緊張がほぐれて、心と身体が落ち着き、ぐっすりと眠れます。優しいヴァイオリンの音が、心を癒して浄化させてくれますよ」。Samadhi(サマーディ)とは瞑想において最も集中が高まった状態のこと。目を閉じて聴いていると、心が安らぐのがわかる。

『エンヤ〜オールタイム・ベスト』
エンヤ
ワーナーミュージック ¥1,429

映画『冷静と情熱のあいだ』や『ロード・オブ・ザ・リング』に使用された「Wild Child」「May It Be」などを収録した、アイルランド出身のアーティスト・エンヤの2ndベストアルバム。「仲良しのモデルとルームシェアをしていたのですが、彼女が寝る前にこのアルバムを流していて、よく一緒に聴いていました。エンヤの女神のような歌声に癒されて、ピースフルな気分になります。ベッドに入り、このアルバムを聴きながら腹式呼吸を繰り返すと、いつの間にか深い眠りについています」。収録曲が全面的にリマスタリングされ、その音の美しさでも話題となった一枚。

『Circuses & Bread』
The Durutti Column
LTM ＊輸入盤

ギタリストのヴィニー・ライリーによるソロ・プロジェクトであるザ・ドゥルッティ・コラムの8作目のアルバム。淡いギターにトランペットとヴァイオリンの音色が組み合わさって、メランコリックな仕上がり。「流しているとリラックスして、よく寝られます。リバーブが響き渡るギターもメロディもめちゃくちゃ良いし、声も気持ち良い。音楽とヴィニー自身はすごく暗いですが、尖ったイメージの強いファクトリー・レコードからリリースされている(＊オリジナル盤は取り扱い終了)あたり、精神的にパンクなんだと感じます。そんなところにも惹かれますね」。

アーティスト
中納良恵　Yoshie Nakano

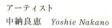

EGO-WRAPPIN'ヴォーカリスト。「色彩のブルース」「くちばしにチェリー」など、独自の世界観を築きあげた名曲で異例のロングヒットを飛ばす。4月にはバンド結成20周年を迎えてベストアルバム『ROUTE 20 HIT THE ROAD』(トイズファクトリー)を発売。

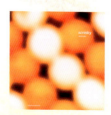

『Dedicate』
Sonisky
Sagetsu Records ¥2,300

「飲食店で流れていたのを聴いて調べたのが、このアルバムを知ったきっかけ。美しいソロ・ピアノ演奏のメロディアスな現代音楽です」と中納さんが教えてくれたのは、スイスをはじめ、ヨーロッパでも音楽活動を行う日本人ピアニスト/作曲家であるソニスキー。ジャズでもクラシックでもない、癒しのピアノ・ミュージックを収録した今作がデビュー作であり、メディアの露出も少ない彼はまだ謎が多い。「気分が落ち着いている時に聴くと、曲調とテンションが合ってすーっと心に入ってきます。休日の夜など、ゆったり寝たい時に流します」。

Text&Edit Ako Tsunematsu

アーティスト
ゆう姫　*Yuki*

エレクトロニックミュージックデュオ、Young Juvenile Youthのシンガー。ミニアルバム『Animation』がiTunesエレクトロニックチャートでロングヒットを記録し、話題に。2016年5月にはニューシングル「HIVE/IN BLUE」をiTunes他よりリリース。🌐yjymusic.com

『Four Possible Landscapes』
Steve Roden
Trente Oiseaux　＊輸入盤

ゆう姫（ユウキ）さんがネットで見つけてビビッと来たというスティーヴ・ローデンは、"ロウワーケース・サウンド"という特徴的な電子音楽の名付け親であり、さまざまな実験的音楽を創出。「聴いていると、身体と意識がふわーっと離れていくような感覚になれます。一つ一つの音に意識を向けているうちに自然とリラックスして眠ってしまいます」。アルバムのアートワークも極めてシンプル。「楽曲の繊細さやミニマルな世界観が際立っていて、とても好きです」。

『Music For Airports』
Brian Eno
Editions EG　＊輸入盤

アンビエント・ミュージック界の重鎮ブライアン・イーノが1978年に最初に"アンビエント・ミュージック"として発表した、歴史的アルバム。空港で流すことを目的に制作された。「母が好きだったのがきっかけで私も好きになりました。大事な日の前夜はプレッシャーや考え過ぎで寝付きが悪くなってしまうことも。そんな時にこのアルバムを聴きます。不安を感じて小さくなっている自分を包み込んでくれるような、温かくてほっとする、大事なアルバムです」。

モデル・コラムニスト
クリス-ウェブ佳子　*Yoshiko Kris-Webb*

翻訳、音楽ライター業をこなす傍らで『VERY』専属モデルとしてキャリアをスタート。国際色豊かな交友関係や幅広い職業経験で培われた独自のセンスで、『&écle』のディレクターやコラムニストも務めるなど、多分野で活躍中。

『songs』
Philip Glass
Sony Classical　＊輸入盤

「主人がディレクションしていたブティックのBGMを決めるにあたり、アンビエント・ミュージックをひたすら聴いていた時に出会いました」というのがミニマル・ミュージック界の巨匠フィリップ・グラス。「俗世の喧騒を忘れられるような音楽です。特にこのアルバムに収録されている『Einstein On The Beach』は現代音楽を語る上では欠かせない楽曲。究極的に正確で複雑に反復される音階と歌詞が最高に心地よく、中毒性のあるリズムが心に平穏をもたらしてくれます」。

『4:00am eternal』
V.A.
Lacerba　＊輸入盤

エレクトロニカのコンピレーションアルバム。「シリーズになっていて第1作目『3:00am eternal』から『5:00am eternal』へと続きます。繁忙期の4:00amは私にとって"もうそろそろ寝ようか、それとも心を決めて朝まで頑張ろうか"という瀬戸際の時間。選択肢が前者なら優しい音楽で眠りに誘ってほしく、もしも後者を選ばざるを得ないなら午前4時に起きていることを肯定してほしい。心地よく眠りたい時にも、気持ちよく起きていたい時にも頼れるアルバムです」。

文筆家
長谷部千彩　*Chisai Hasebe*

ウェブマガジン『memorandom』主宰。著書に『有閑マドモワゼル』『レディメイド＊はせべ社長のひみつダイアリー』などがある。🌐hasebechisai.com

『Solo Monk』
Thelonious Monk
Colombia Record
＊輸入盤

「大学時代、ボーイフレンドの部屋に遊びに行ったらこのアルバムが流れていたんです」と長谷部さんが教えてくれたのは、ジャズ・ピアニストの奇才セロニアス・モンクによる、ソロ・ピアノ・アルバム。「ジャズというジャンルが好きなのはもちろんですが、セロニアス・モンクの似顔絵が描かれたジャケットも気に入っています。モンクを初めて聴く人におすすめの一枚」。ジャケットワークはロンドンを拠点に活躍する画家のポール・デイヴィス。

『アフター・アワーズ』
サラ・ヴォーン
ワーナーミュージック
¥1,200

モダン・ジャズ・シンガーの先駆者と言われるサラ・ヴォーンがその全盛期に残した代表作。「ギターとベースとヴォーカルのみ。とても少ない楽器で囁くように演奏されていて、疲れた心をリラックスさせてくれます。余白の多さが心地いいですね」。10年ほど前、サラ・ヴォーンを聴きあさっていた頃に買って以来、緊張が解けないまま迎えてしまった夜に聴いているとか。「1曲目が『マイ・フェイヴァリット・シングス』であることも気に入っています」。

スタイリスト
清水奈緒美　*Naomi Shimizu*

東京都出身。ファッション誌のエディターを経て、雑誌『Harper's BAZAAR』『GINZA』をはじめ、広告やCM、ファッションブランドのキャンペーンなどでスタイリングを手がけている。

『ドヴォルザーク：交響曲第8番｜ラヴェル：マ・メール・ロワ』
カルロ・マリア・ジュリーニ
Sony Classical ¥1,190

「アルバム後半の『マ・メール・ロワ〜眠りの森の美女のパヴァーヌ』は子どもの頃、眠るとき両親に聴かされていた曲。今でも次の日が休みの夜はこれをエンドレスで流します。大人になってから指揮者を聴き比べて、一番しっくりきたのがジュリーニでした」。そう清水さんが紹介してくれたのは、イタリアのベテラン指揮者のもと演奏された、ドヴォルザークによる『交響曲第8番ト長調作品88』と、『マザー・グース』を題材に作曲されたバレエ音楽が収録された2編成のアルバム。

『Un petit garçon appelle Charlie Brown』
Serge Gainsbourg
Mercury ＊輸入盤

ジャン・クロード・ヴァニエ総指揮による美しいストリングスと共にフランスのスター、セルジュ・ゲンスブールが歌う、映画『スヌーピーとチャーリー』のサウンドトラック。「高校生の頃、パリのレコード屋で見つけました。メロディの和やかさとセルジュの色っぽい声のギャップが絶妙で、お気に入りの曲です。これを聴くとパリで過ごした夏のヴァカンスのことを思い出して、懐かしい気持ちになります。天気が良い休日の午睡に、ぴったりな曲」。

バレエダンサー
飯島望未　*Nozomi Iijima*

2008年よりヒューストンバレエ団に入団。2013年1月には、米ダンスマガジンにおいて「25人のいま観るべきダンサー」に選出された。日常のファッションセンスの良さに注目が集まり、インスタグラムが大人気に。

『Begin to Hope (Bonus Track Version)』
Regina Spektor
Sire Records ＊輸入盤

アメリカを拠点に活動するシンガー・ソングライター、レジーナ・スペクターのヒットアルバム。「アメリカでたまたま入った雑貨屋さんで流れていて、思わず店員さんに誰の曲か尋ねたくらい印象的でした。一度聞いたら忘れられないほど独特な声で、全体的にポップな曲調ながら優しい雰囲気を感じる部分があり、癒されます。聴いていると想像力を掻き立てられ、そのまま良い夢が見られそうな気分に。ベッドに入る前に写真集を見ながら流すのが好きですね」。

『ヴァルタリ〜遠い鼓動』
シガー・ロス
ワーナーミュージック
¥1,600

アンドリュー・バードのコンサートを観に行った後、YouTubeで彼の動画を検索していた際、関連動画として出てきたのを聴いて初めて知ったという一枚。「このアルバムの雰囲気や使用している楽器のさまざまな音が心地よくて。シガー・ロスはアルバムジャケットもアーティスティック。『残響』のカバーをライアン・マッギンレーが撮っているのも素敵です。キャンドルの灯りだけでお風呂に浸かりながら聴くとリラックスして、ぐっすり眠れます」。

アーティスト
MariMari

フィッシュマンズの茂木欣一らを従えたMariMari rhythmkiller machinegun名義で楽曲を提供するなどして活動を重ねた後、ソロ・デビュー。2011年からはCAPE名義でミュージック、ファッション、アートのキュレーションメディアを運営している。thecape.jp

『Clouds』
Gaussian Curve
Music From Memory
＊輸入盤

「空港のデッキで飛行機が往来するのを眺めていたデートや、ビーチで過ごした一日の終わりに訪れるサンセットなどを思い出してエモーショナルな気分に浸れます」とMariMariさんがレコメンドするのは、バレアリック界の気鋭クリエイターの3名によるプロジェクト、ガウシアン・カーヴのアルバム。アムステルダムのレコードショップが運営する新興レーベルからリリースされ、美しいピアノや電子楽器を多用したアンビエント・ジャズに仕上がっている。

『Talk From Home』
Suzanne Kraft
Melody As Truth ＊輸入盤

ロスアンゼルスのアンダーグラウンドシーンを代表するプロデューサーの一人、スザーン・クラフトによるチルアウト・アルバム。「ダブラブ（USのネットラジオ）やノイズ・イン・マイ・ヘッド（シドニーのネットラジオ）を聴いていて知りました。しかも、リリース元は大好きなガウシアン・カーヴのメンバーであるジョニー・ナッシュのレーベル。心地よい音が身体へ沁みていく感覚を味わいながら、深い眠りへと落ちていける、そんな作品です」。

コピーライター
岩崎亜矢　Aya Iwasaki

主な仕事にオンワード、ザ・スーツカンパニー、村田製作所など。広告コピー以外に『僕はウォーホル』『僕はダリ』などの翻訳本の監訳や、町田町子名義でDJや『檸檬』としても活動中。

『浪漫』
リッキー・リー・ジョーンズ
ワーナーミュージック
¥2,476

「17歳の頃に『恋するチャック』をラジオで聴いて、学校帰りにドキドキしながらこのアルバムを買いました。リッキーの気だるさと愛らしさの混ざり合った、独特の言葉の運び方や歌い方が、誰かが横で静かに喋っているようで、なんだかとても安心できます」。初めて見たときは、あまりのかっこよさに唸ったという眉間にしわを寄せたリッキーの顔ジャケットは、70年代の有名な写真家ノーマン・シーフによるもので、その他プロデューサー勢もかなり豪華。

『The Köln Concert』
Keith Jarrett
ECM Record　＊輸入盤

ジャズ・ピアニストのキース・ジャレットがケルンのオペラ劇場で行った、即興演奏によるソロ・ピアノ・コンサートが収録されたアルバム。「18歳くらいの頃、姉の部屋から流れてきたこの音楽を聴いて、なんだか妙に興奮したのを覚えています。私にとって初めての経験でした。聴いていると頭が空っぽになりすぎて、いつの間にか口が開いてしまいます（笑）」。かつてマイルス・デイヴィス・バンドにも在籍していた天才ピアニストの超ヒット作品。

映画監督
井口奈己　Nami Iguchi

映画『人のセックスを笑うな』がスマッシュヒットを記録。最近の制作にはアニメ『NARUTO-ナルト-疾風伝』EDテーマ、Thinking Dogs 3rdシングル『そんな君、こんな僕』のMVなどがある。

『Elephonic Rhapsodies』
Thai Elephant Orchestra
Mulatta　＊輸入盤

「7、8年前、まさに眠れない夜にネットサーフィンをしていた際に試聴して、『これは！』と思い即購入したのがこれ。「象が象用の大きな楽器（鉄琴のような物や、ラッパみたいな物）を演奏しているのですが、そのゆったりとした音色が"あの世"ってこんな音楽が流れてそうと感じさせてくれます。人間では到達しえないチルアウトぶりで、象が演奏しているところを想像するのも楽しい気持ちにしてくれますね。特に、仔象のマーチが最高です」。

『All-Time Greatest Hits』
Les Paul & Mary Ford
Capitol Special Products
＊輸入盤

テレビで美輪明宏さんが紹介していたのをきっかけに知ったという、ギター"ギブソン・レスポール"の生みの親であり、伝説的なギタリストであるレス・ポールと元妻であるマリー・フォードによるデュオのアルバム。「キューインという轟音ではなく歪むギターの音と、フォードさんの美しい歌声に惹かれます。80年代のデヴィッド・リンチの映画を思い出すというか、健全だけど狂っているアメリカ的な感じがあり、ビートが激しくないのでよく眠れます」。

料理家
山本千織　Chiori Yamamoto

札幌の『ごはんや はるや』等の料理店に20年以上関わる。上京後、2011年より東京・代々木上原にて『chioben』を開業。見た目と味のおいしい意外性が話題となり、撮影時のケータリング、雑誌の撮影等で活躍中。

『La double vie de Véronique (Original Film Soundtrack)』
Zbigniew Preisner
Virgin France　¥1,800

幻想的なラブストーリーを描いたフランスとポーランドの合作映画『ふたりのベロニカ』のオリジナルサウンドトラック。「運命的なことを描くこの映画の内容を思い出して、明日やらなきゃいけないことや目の前の問題から遠ざかって、まあいいか、という気持ちになれます。ズビグニエフ・プレイスネルの音楽世界は厳かで、聖書やお経を読まれているよう。だんだん映画のシーンと自分の夢との区別がつかなくなる感じで眠気に誘われていく感じも好きです」。

『10ミニッツ・オールダー 人生のメビウス／イデアの森』
Sony Music Direct
¥2,400

「あと何時間眠れるかを逆算して、いつも起きることを考えて眠ります。だから好きなだけ眠れる時はなんて贅沢だろうと感じますね。そんな時に"時間"をテーマにした『10ミニッツ・オールダー』のサウンドトラックを流します。"ぐっすり眠っても大丈夫"という気持ちにさせてくれる心地よい音楽です」。ジム・ジャームッシュなどの巨匠15人が描くコンピレーション・フィルムの中で、重要な役割を担うトランペットとチェロの音色を収録した一枚。

TALK ABOUT
THE STANDARD STORY

中谷美紀さんに聞く、23のスタンダード。

凛とした佇まいで多くの人を魅了する女優の中谷美紀さん。彼女の美しさを作るヒントを掴むため、ライフスタイルにまつわる23の質問を携えてインタビュー。

Q1：本日着こなしていただいた23区の服はいかがでしたか？
極めてシンプルなのですが、アイテムそれぞれにこだわりが感じられました。麻のパンツは上質な素材感で着ていてとても気分が良かったですし、ベーシックでいて今の空気感もまとっている長め丈の白シャツも素敵でした。

Q2：普段ご自身のファッションはどのようなものが多いですか？
昔からシンプルでベーシックなものが好きですね。体のラインをきれいに見せてくれてシルエットの美しいもの、素材が良いものにこだわります。また女性ならば皆さん各々のコンプレックスを持っているかと思うのですが、私も同様です。ですから、気になる箇所をカバーしてくれる洋服は好きですね。

Q3：中谷さんのワードローブは主にどんなカラーパレットですか？
白と黒、ベージュにグレーやネイビー、カーキなどベーシックなカラーが多いです。普段から場に溶け込むような装いを心がけているので、自分自身が主張してしまうようなカラーは控えるようにしています。

Q4：洋服を買うときの決め手はなんですか？
旅行が好きなので"旅に持っていけるものか"というのがひとつのキーワードとなっています。具体的に言いますと畳んでもシワになりにくい素材ですとか、手洗いできるもの。また着こなしや小物の合わせ方次第でデイリーにもフォーマルにも使えるドレスなど。そういった条件に合ったアイテムに出会うと、ついつい購入してしまいますね。

Q5：ファッションアイテムのお手入れにこだわりはありますか？
靴のケアには、時々自分の肌に使うようなクリームを用いたりします。光らせたい時は馬の油を使ったりもしますね。

Q6：おしゃれのインスピレーション源は？
古い写真集です。パリに出かけた折などに古本屋さんで見つけたりすることが多いですね。たとえばジャンヌ・モローさん、カトリーヌ・ドヌーヴさんなど昔の女優さんたちのものであったり、スーヴェルバーグの映画のものであったり。ただ美しいだけではなく、背景に物語を感じられるようなもの。フレームの中に緻密に計算された構図が見える。そういった古き美しい写真にはとても刺激を受けます。

Q7：日々、肌や髪のためにどんな美容ケアをしていますか？
栄養を補うことを一番大切にしています。肌のために日々しているのは9種類の必須アミノ酸を朝昼晩、必ず摂取できるような環境を作ること。朝と晩にはプロテインを多めに飲んだりもしますね。基本的に各種ビタミンや鉄分などは常に積極的に摂るように心がけています。また髪のためには亜鉛やパントテン酸が必要だと言われているので、そういったものも摂るようにしています。

Q8：ピラティスを実践することで自身の変化はありましたか？
少しずつ姿勢が良くなってきたと思います。体重の変化はあまりないのですが、締まるところが締まってきたり、足のむくみが軽減されたり。ピラティスを取り入れることで、そういった喜びはありましたね。

Q9：好きな香りはなんですか？
エッセンシャルオイルだとネロリの香り、サンダルウッドの香りが好きです。

Interview

Photography Kayoko Asai
Model Miki Nakatani
Styling Miho Okabe
Hair Make-up Eri Shimoda
Nail Michiko Kawamura
Text Asa Takeuchi
Edit Ai Hogami
Clothing 23ku

中谷美紀　*Miki Nakatani*
1976年生まれ、東京都出身。93年に女優デビューし、数々の映画賞を受賞。近年は舞台での活躍も著しく、2016年4月上旬よりパルコ劇場にて再演が決定した『猟銃』では一人三役を務める。

Q10：朝起きて一番にすることを教えてください。
カーテンと窓を開け、植木に水をやります。

Q11：一日の始まりに口にするものはありますか？
定番はプロテイン。プロテインにオメガ3のオイルですとか、ココナッツオイル、ビタミンC、アミノ酸などをまぜて飲むのが日課です。

Q12：お気に入りの食器について教えてください。
ひとつに絞るのはなかなか難しいですね。日本には全国に素晴らしい作家さんがいらっしゃるのでその窯元を訪れたり、漆の塗師さんの工房を訪れたりするのですが、そういった際に少しずつ求めたりしています。古伊万里や李朝の白磁など古い器も大好きです。

Q13：日々の食事に欠かせない調味料はありますか？
最近は鮎の魚醤にはまっています。臭みがなくそのままでもおいしいのでサラダや白身魚をシンプルにいただきたいときによく用いますね。また塩魚汁（しょっつる）も大好きで秋田の10年間熟成したものを愛用中です。煮物や鍋のスープなどに使うとおいしいですよ。

Q14：中谷さん流のおもてなし術を教えてください。
お花は欠かせませんね。お客様を迎える当日に買いに行ったり、ベランダに咲いているお花を切って生けたり。お化粧室にも飾るようにしています。

Q15：お茶会など日本の伝統文化に触れることで得たことは？
良い意味で本音と建前を使い分けること、です。日本で生きていると自己主張をせずに我慢したほうが人間関係を円滑にしてくれることって多々ありますよね。時にはなかなか受け入れ難いことかもしれませんが……。口にしない人のニーズを読む、ということは日本の伝統文化から学んだように思えますね。わたしもまだまだ勉強中ですが。

Q16：お気に入りのお土産はありますか？
お土産は差し上げる相手によって変えるようにしているのですが、「フレジュ」の糖質オフのスイーツはおすすめです。ちょっと大切な方へのご挨拶などには京都のてんぷら屋さん、『点邑』（てんゆう）のすっぽん丸鍋などを取り寄せたりします。

Q17：日々の"癒し"はなんですか？
体のコンディションは心身にとても影響する気がするので、ストレッチやマッサージの時間は大切にしていますね。あとはお花ですね。できるだけ一年中欠かさないようにしています。玄関を開けた瞬間にお花が目に入ると、それだけで寛いだ気分になれるので。

Q18：リネンなど寝室まわりのこだわりは？
京都の寝具メーカー、イワタのベッドマットレスを愛用しています。またベッドリネンや布ものは白で統一しています。

Q19：毎日、寝る前にすることを教えてください。
「サーモフォア」という湿性温熱治療器を用いて身体を温めるようにしています。そうすると自然と眠りにつきやすいです。

Q20：旅先で自分らしく過ごすために欠かせないモノやコトは？
旅には郷に入っては郷に従えという気持ちで出かけるので、とくに特別なものは持っていきません。ただ食事には気をつけているのでサプリメントは欠かせませんね。また旅先では現地の方と話す機会を積極的に作りますね。異国の方から日本の良さを教えられることも多い気がします。

Q21：定期的に訪れたくなる場所はどこですか。
国内ですと金沢に京都、奈良。地中美術館がある瀬戸内の直島も良いですね。

Q22：日々の生活に寄り添う音楽や本について教えてください。
本は実用書を読むことが多いです。健康に関するもの、人の心を探るようなものや、わかりやすい心理学など。音楽は、ブルガリアン・ヴォイスが好きです。

Q23：オンとオフのスイッチを、どのように切り替えていますか？
私生活では、異業種の方々と過ごすことが多いので自然と仕事モードの自分ではなくなります。仕事の話や愚痴とも無縁になるところが良いですね。

Interview

INSTAGRAM AMBASSADOR

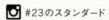 #23のスタンダード

自分のスタイルを持ち活躍する女性たちをアンバサダーとしてむかえたWEBサイト「my LIFE, my STANDARD」。彼女たちの"衣・食・住"にまつわる「スタンダード」なモノやコトは、自分なりのスタンダードを見つけたいすべての女性のヒントがつまっている。
◉http://23ku-standard.com

1	2	3
4	5	6
7	8	9
10	11	12
13	14	15
16	17	18

1: 阿久津ゆりえ

モデル／女優

2: 安藤美冬

フリーランサー／コラムニスト

3: 磯沙緒里

ヨガインストラクター

4: 岡部あゆみ

ママモデル

5: 大日方久美子

パーソナルスタイリスト

6: 佐東枝莉

モデル

7: STOMACHACHE.

イラストレーター

8: 谷尻直子

「HITOTEMA」主宰／フードプランナー

9: 行方久子

ブランディングディレクター

10: nico

「OOO YY」クリエイティブディレクター

11: 平尾香

イラストレーター

12: 堀川静

ライター

13: matya

イラストレーター／モデル

14: MariMari

アーティスト

15: 都田恵理子

「ドゥーオーガニック」PR／ローフードマイスター

16: 山崎ジュン

スタイリスト

17: レイナ

メイクアップアーティスト

18: 若村柚那

女優

〈FLAGSHIP STORE〉
23区 GINZA　東京都中央区銀座8-8-5
www.23ku-web.jp/23ku-ginza/

〈商品問い合わせ〉
株式会社オンワード樫山　お客様相談室
☎0120-586-300

my LIFE my STANDARD

◇編集長
荒原千香子（マガジンハウス）

◇クリエイティブディレクション
佐藤俊（loosejoints）

◇編集統括
小川知子

◇編集
穂上愛
上條桂子
常松亜子

◇アートディレクション・デザイン
樋口裕馬

◇デザイン
橋本麻里絵

◇校閲
阿部進

二〇一六年五月六日　第一刷発行

編者　マガジンハウス
発行者　石﨑孟
発行所　株式会社マガジンハウス
〒一〇四―八〇〇三　東京都中央区銀座三―一三―一〇
受注センター　☎〇四九・二七五・一八一一
カスタム事業部　☎〇三・三五四五・七一一五
印刷・製本所　図書印刷株式会社

©2016 Magazine House, Printed in Japan
ISBN978-4-8387-2853-4 C0095

乱丁本、落丁本は購入書店明記のうえ、小社制作管理部にお送りください。送料小社負担でお取り替えいたします。但し、古書店などで購入されたものについてはお取り替えできません。定価はカバーと帯に表示してあります。
本書の無断複製（コピー、スキャン、デジタル化等）は禁じられています（但し著作権法上での例外は除く）。断りなくスキャンやデジタル化することは著作権法違反に問われる可能性があります。

マガジンハウスのホームページ
● http://magazineworld.jp/